Eldarin parmaqettaron Quenya ar Sindarin

**Wolfgang Krege ócolanes
et cariëllon Tolkieno**

Elbisches Wörterbuch
Quenya und Sindarin

Nach J. R. R. Tolkiens Schriften
zusammengestellt von
Wolfgang Krege

Klett-Cotta

Inhalt

Vorbemerkungen

Am Anfang war das Wort. Ein Schöpfungsvorgang wird nachvollzogen, und die Kraft, die die Welt ins Sein hebt, ist Sprache. Aber weder die eigene, das Englische, noch Finnisch, Walisisch, Latein oder Altisländisch, so sehr diese alle dem Schöpfer auch gefallen mögen. Die Welt, die erschaffen wird, braucht ihre eigene Sprache – oder richtiger, mehrere, denn einsprachig wäre sie zu eng. (Nicht alles muß breit ausgeführt sein; es genügt, wenn hier und da ein fremdes Wort aus dem Text hervorblinkt, von dem man weiß, daß es keine Attrappe ist.)

Wohlgemerkt, hier geht es nicht darum, beim Leser die geläufige Bereitschaft zum »literarischen Glauben« zu wecken. Was erzählt wird, ist durchaus unglaublich. Die Fiktion bleibt Fiktion. Aber sie wird vorangetrieben bis in einen Grenzbereich, wo sie die opake, widerständige Form einer Wirklichkeit annimmt.

Daher der nicht bloß literarische Reiz, der von Tolkiens Mittelerde ausgeht, der mächtige Sog, mit dem es viele Leser anzieht. Diese Welt, so fern sie uns ist, fordert zum Eintreten auf. Fremde Worte werden dem Leser zugerufen, und manche lernt er verstehen. *Mae govannen!* Schon die

Kenntnis eines freundlichen Grußwortes ermächtigt zu den ersten Schritten.

Solche Kenntnisse soll dieses Buch vermehren.

* * *

Aber muß man davon soviel Aufhebens machen? Natürlich nicht. Als ich vor über dreißig Jahren zum ersten Mal den *Herrn der Ringe* las, interessierten mich die elbischen Wörter und Namen nur flüchtig; aber immerhin wurde schon beim Lesen – und nicht erst aus den Anhängen – klar, daß es sich um »echte« Wörter aus durchgebildeten Sprachen und nicht um ein phantastisch-beliebiges Silbengeläut handelte. Später, als ich Tolkiens Werke zu übersetzen anfing, mußte ich mich mit der Sache näher befassen. Der Übersetzer muß ziemlich genau wissen, was ein fremdes Wort, das er in seinen Text aufnimmt, bedeutet, schon damit er es nach Genus und Numerus richtig behandeln kann. Aber hier kam noch mehr hinzu. Im *Silmarillion* gewannen die vielen hundert elbischen Namen ein solches Eigengewicht, daß ein Spötter das Buch einmal ein »elbisches Telefonbuch« nennen konnte. War es vielleicht gar um die Erklärung dieser – zumeist schicksalsträchtigen – Namen herumgeschrieben? Auch war der englische Erzähltext in solchem Maße von seinen elbischen Hintergrundquellen bestimmt, daß manche auf moderne Erzählprosa eingeschworenen Kritiker ihn schlechterdings unlesbar fanden. Der Stil der deutschen Übersetzung mußte sich ebenfalls an dem der – mutmaßlichen – elbischen Originaltexte orientieren. Im *Herrn der Ringe* traten die Elben als handelnde Personen wenig hervor, aber ihre Sprachen, aus denen nun auch einige wenige zusammenhängende Sätze zum Vorschein kommen, bleiben gegenwärtig in den Namen der Berge und Flüsse, Länder und Völker, Helden und Ungeheuer. Das Elbische, so wurde bald klar, war also mehr als ein fiktionaler Schnörkel oder eine an unwahrscheinlicher Stelle vorteilhaft zur Geltung gebrachte Linguistenschrulle; es war der goldene Faden, der den abenteuerlichen Vordergrund der Erzählung als eine späte Episode in die lange Geschichte von Mittelerde einbindet.

In Tolkiens nachgelassenen Schriften, die in den zwölf Bänden der *History of Middle-earth* (1983– 96) publiziert wurden, wird vollends deutlich, daß es keine Übertreibung war, wenn er gelegentlich versicherte, zunächst die Sprachen und dann erst die Völker, die sie gebrauchten, erfunden oder »entdeckt« zu haben. Hier sieht man, wie die philologische Phantasie der erzählerischen vorauseilt (und ihr manchmal davonläuft). Wörter werden

durch die Historie bis zu den mythischen Wurzel-
gründen zurückverfolgt, aus denen die Wörter mit
den Dingen zugleich hervorwachsen; und ein klei-
nes etymologisches Glossar wird angelegt, in dem
sich auch viele Wörter finden, die in den erzählen-
den Texten nie auftreten. Dabei bleibt Tolkien
immer in der Rolle des bescheidenen Gewährs-
manns, der zwar vieles, aber nicht alles weiß: auch
seine Kenntnis der Elbensprachen ist unvollstän-
dig. Zum Beispiel scheint er über die Natur des
Balrogs im Zweifel zu sein: stammt das Wort von
derselben urelbischen Wurzel BAL- her wie *Valar*,
die (göttlichen) »Mächte«, oder kommt es von
NGWAL-, »Qual, Folter«? Ein Rätsel, das den
Keim zu einer der vielen Geschichten bergen
könnte, die er uns schuldig geblieben ist.

* * *

Hier sei kurz in Erinnerung gerufen, was aus Tolkiens Schriften über die Elbensprachen zu erfahren ist:

Nach manchen Berichten soll das erste Wort,
das von den Elben gesprochen wurde, *ela!* gelautet
haben, »sieh da!« – ein Ausruf des Entzückens
beim Anblick der Sterne, als die Elben am See Cui-
viénen zum Leben erwachten. Davon leitete sich
êl oder *elen*, »Stern«, her, und davon wiederum die

Selbstbezeichnung *eldar*, »Sternleute, Sternvolk«.
Nach anderen Quellen hat erst der Vala Orome sie
sprechen gelehrt, als er ihnen auf einem seiner
Jagdritte in Mittelerde begegnete. Auf die Sprach-
fähigkeit, die von allen Wesen, die sie vorerst
kannten, nur die Valar mit ihnen gemein hatten,
müssen sie von Anfang an stolz gewesen sein,
denn seit frühester Zeit bezeichneten sie sich auch
als die *Quendi*, »die Sprechenden«.

Zu Beginn des Ersten Zeitalters unternahmen
sie eine große Wanderung nach Westen, wo sie
sich in kleineren oder größeren Sippenverbänden
über Beleriand verteilten. Ein Teil von ihnen, die
Vanyar, die Noldor und ein Vortrupp der Teleri
(»die Letzten«), gelangte über das Westmeer nach
Aman, ins Land der Valar, der »Götter«. Die
ursprünglich allen gemeinsame Sprache, das Urel-
bische, das nur durch Vergleich aus den späteren
Formen rückerschlossen werden kann, wandelte
sich zu einer Vielzahl von Stammes- oder Sippen-
dialekten ab. (Die meisten dieser Gruppen blieben
gern für sich und unterhielten wenig Kontakt mit
Nachbarn.)

Zwei Sprachen erlangten im Lauf des Ersten
Zeitalters eine gewisse Dominanz und wurden in
ganz Beleriand in der einen oder anderen Form
gesprochen, zum Teil auch von den dort zuwan-

dernden Menschenvölkern: Quenya und Sindarin. Quenya oder Hochelbisch war die Sprache der aus Aman nach Mittelerde zurückgekehrten Noldor, des kulturell (und auch sonst) regsamsten Elbenvolkes. Die Noldor entwickelten das erste Schriftsystem, die *Tengwar*, und machten von ihm ausgiebig Gebrauch. Quenya wurde jedoch im Zweiten und Dritten Zeitalter mehr und mehr zu einer Gelehrten- und Zeremonialsprache; es entfernte sich auch von der Form, in der es ursprünglich in Aman gesprochen wurde. Dennoch steht es dem Urelbischen näher als Sindarin und ist die ältere der beiden Elbensprachen. Der bekannteste Quenya-Text ist Galadriels Lied beim »Abschied von Lórien«.

Als Verkehrssprache wurde auch von den Noldor in Mittelerde bald das Sindarin übernommen, die Sprache der Sindar oder Grauelben, des zahlreichsten Elbenvolkes, das im Ersten Zeitalter im Westen von Beleriand, vor allem im Königreich Doriath lebte. Im Dritten Zeitalter wurde Sindarin allmählich von der Menschensprache Westron verdrängt, blieb aber unter den kleinen Elbenvölkern, die Mittelerde noch nicht verlassen wollten, weiterhin geläufig, ebenso wie unter den Gebildeten der Menschenvölker von Gondor und Arnor. Sindarin hat viele Mundarten und ist als Schriftsprache weniger ausgebildet als Quenya; es ist uns hauptsächlich aus vielen Namensbedeutungen bekannt. Der bekannteste Sindarin-Text ist das Lied, das Frodo in Elronds Kaminhalle hört (»Viele Begegnungen«).

Der Überblick über die Sprachgeschichte von Mittelerde wird nicht eben erleichtert durch den Umstand, daß zwei grundverschiedene Chronologien sich darin kreuzen: einmal die Entwicklung in der fast siebentausendjährigen Geschichte von Mittelerde, zum andern die in der »Echtzeit«, nämlich den etwa fünfundfünfzig Jahren seines Lebens, in denen Tolkien dieses Gebiet erforschte. Obwohl die zweite Zeitspanne so viel kürzer ist, bringt sie doch mehr an Sprachwandel: Viele Wortformen und Wortbedeutungen sind in den späteren Stadien von den früheren so verschieden, daß kaum mehr eine Verwandtschaft zu erkennen ist. Um dem Benutzer (und mir selbst) Verwirrung zu ersparen, habe ich mich auf den Entwicklungsstand der späten Phasen (etwa ab 1937) beschränkt und zum Beispiel das frühe *Buch der verschollenen Geschichten* kaum berücksichtigt. Da auch in dieser späten Phase noch widersprüchliche Angaben genug auftreten, habe ich in Zweifelsfällen all dasjenige bevorzugt, was sich im *Herrn der Ringe*, im *Silmarillion* und in den *Nachrichten aus Mit-*

telerde niedergeschlagen hat. Die größten Wortbestände freilich fanden sich in den »Etymologies«, einem nach Wortwurzeln geordneten Glossar, das sich handschriftlich in Tolkiens nachgelassenen Papieren fand und von Christopher Tolkien 1987 im Band V der *History of Middle-earth* (S. 341–400) herausgegeben wurde. Die ersten Eintragungen stammen offenbar aus der Zeit vor Beginn der Arbeit am *Herrn der Ringe* (1937), doch wurden sie später gelegentlich unsystematisch revidiert und ergänzt. Ich habe manches daraus nicht übernommen, weil es Angaben in den späteren Schriften kraß widerspricht. Zum Beispiel wurde unterschlagen, daß Q *macar* nach den »Etymologies« ein »Händler« sein soll, was zu komischen Mißdeutungen des Namens *Menelmacar* (Orion) führen könnte, der nach dem *Silmarillion* ein »Schwertfechter am Himmel« ist.

Vielleicht ist dieses Wörterbuch daher allzu »synchronisch«, d. h. auf einen fiktiven Ist-Zustand der Sprachen hin abgerundet, während es Tolkien doch eher um ihren Wandel ging: Die Wörter treten versippt oder verschwägert auf; sie blicken auf lange Ahnenreihen zurück. Einen Widerspruch wie den eben erwähnten hätte er vielleicht nicht durch Ausradieren einer »falschen« Angabe beseitigt, sondern durch wortge-

schichtliche Überlegungen, wie es zu der merk-
würdigen Doppelung gekommen sein könnte.
Dies kann meine Sache nicht sein. Aber vielleicht
wirke ich dem Mangel ein wenig entgegen, indem
ich die größeren etymologischen Gruppen unter
einem zentralen Stichwort darstelle; außerdem
wird in vielen Fällen zur reinen Bedeutungsangabe
ein Hinweis auf die Wortverwandtschaften hinzu-
gefügt.

* * *

Mancher wird fragen: Brauchen wir das? Ist eine
Antwort überhaupt nötig? Ist nicht allein schon
die Exklusivität dieser Sprachen, ihre sowohl lite-
ratur- als auch sprachgeschichtliche Einzigartigkeit faszinierend genug? Doch zugegeben, zum
Verständnis des *Herrn der Ringe* brauchen wir so
viel davon nicht. Tolkien wußte, was er tat, wenn
er manchmal einem elbischen Ausdruck keine
Übersetzung beigab. Es genügt, wenn der Leser
merkt, daß er es mit ausgeformten Sprachen zu
tun hat, und wenn ihm das eine oder andere Wort
im Gedächtnis bleibt.

   In einer anderen Hinsicht brauchen wir das viel-
leicht doch. Quenya und Sindarin sind »tote«
Sprachen, d. h. sie befinden sich in einem
Zustand, in dem viele heute noch lebendige Spra-

chen sich auch bald befinden werden, denn Jahr
für Jahr sterben einige aus. Im *Herrn der Ringe*
sind sie noch gegenwärtig, aber die Sprecher bege-
ben sich schon zu den Grauen Anfurten, wo die
Elbenschiffe warten, um in den Alten Westen zu
fahren. Wörter, Verse, Namen und Geschichten
beginnen schon sich zu den fremden und wunder-
lichen Fundstücken einer künftigen Sprach-
Archäologie zu entstellen.

Außerdem, ganz tot sind Tolkiens Sprachen
nicht. Einige Linguisten in aller Welt, hauptsächlich Amerikaner, Engländer und Skandinavier,
haben sich zu »Tolklang Studies« zusammenge-
funden, mit dem Ziel, sie wiederzubeleben. Die
Schwierigkeiten sind gewaltig. Die Grammatik ist
nur lückenhaft bekannt, es fehlen viele ganz
gewöhnliche Funktionswörter, z. B. Konjunktio-
nen, ganz zu schweigen von den Wörtern für aktu-
elle Dinge. Analogien und Neuschöpfungen –
vinyacárier: das Wort ist selbst eine solche, aus
zwei bei Tolkien auftretenden Wörtern zusam-
mengesetzt – könnten helfen, eine echte Verstän-
digungssprache zu entwickeln. Ein verwegenes
Unternehmen – aber wohin könnte es führen? Der
Würde des Fragments wäre seine Aufblähung zum
System eher abträglich. Und Tolkien würde die
Völker der Quendi vermissen, die Sprecher der

Sprachen, deren Entwicklung man an die Gegenwart heranführen müßte. Was fehlt, ist ein guter Schriftsteller, der die Geschichte von Mittelerde fortschriebe.

Aber wenn wir einmal in Mittelerde wären, wollten wir dann wieder zurück?

* * *

Die kleine grammatische Übersicht, die ich diesem Wörterbuch voranstellen kann, ist natürlich voller weißer Flecken und weit davon entfernt, das Elbische in einen gebrauchsfertigen Zustand zu bringen. Manche Angaben sind nur auf Analogien gegründet – ein unzuverlässiges, die Formenvielfalt oftmals nivellierendes Verfahren. Im Übrigen verzichte ich auf spekulative Erweiterungen und Begradigungen, obwohl es ärgerlich ist, manchmal nur eine exzentrische Personalform eines Verbs nennen zu können, dessen Stammformen sich nicht mit hinreichender Sicherheit angeben lassen. Wenn auch vieles im Dunkeln bleibt, sollten doch manche Wege gebahnt und manche einfachen Sätze durchsichtig werden.

Grammatik Q (Quenya)

Quenya ist die aus dem Urelbischen hervorgegangene Sprache der Noldor, so wie sie sich zuerst in Aman und später in Mittelerde entwickelt hatte. Es ist nicht identisch mit der Sprache der Valar, auch nicht mit denen der (ebenfalls in Aman lebenden) Vanyar und Teleri, hat jedoch von ihnen mancherlei Einflüsse erfahren. Es wird hier in der Form dargestellt, in der es im *Herrn der Ringe* und in einigen anderen etwa um die gleiche Zeit entstandenen Schriften Tolkiens dokumentiert ist. (Dabei ist zu berücksichtigen, daß die Schriften im Umkreis des *Silmarillion* einen viel früheren Zustand der Sprache wiedergeben, was manche Abweichungen erklärt.)

Bei der Entwicklung das Quenya hatte Tolkien einige ästhetische Eigenschaften des Finnischen zum Vorbild genommen: den außerordentlichen Reichtum an Vokalen und Diphthongen; die so genannte Vokalharmonie (Verhältnis zwischen gerundeten und ungerundeten Vokalen in mehrsilbigen Wörtern); und das Deklinationssystem (Finnisch hat 15 Kasus), das viele Präpositionen überflüssig macht. Elendils Satz, *Et Earello Endorenna utúliën* (»Aus dem Großen Meer bin ich nach Mittelerde gekommen«), weist gleich zwei solcher

»Lokalkasus« auf: einen Ablativ (auf die Frage »woher?« antwortend), *Earello*, und den Allativ (»wohin?«) *Endorenna*.

In der folgenden Deklinations-Tabelle (nach A. Appleyard, 1995) sind nicht alle Formen bei Tolkien belegt; manche sind in Analogie zu den entsprechenden Formen anderer Wörter gebildet.

Substantive

Es gibt im Elbischen kein Genus, d. h. ein vom natürlichen Geschlecht der Lebewesen möglicherweise abweichendes Wortgeschlecht, aber mancherlei geschlechtsbestimmende Abwandlungen wie Gatte/Gattin, Elb/Elbin usw. Diese sind nur in relativ wenigen Fällen bekannt. So gab es sicherlich zu *rocco*, Pferd, besondere Formen für Hengst, Stute, Fohlen, aber nichts davon steht in den Quellen.

Die weitaus meisten Substantive deklinieren sich nach einem von zwei Mustern: 1. Die auf *-a*, *-o*, *-u* und *-ië* endenden; dies zeigen wir am Beispiel *cirya*, Schiff. 2. die auf *-e* oder einen Konsonanten endenden; dafür als Beispiel *elen*, Stern.

	sg.	pl.	sg.	pl.
Nominativ u. Akkusativ	cirya	ciryar	elen	eleni
Endung	-a (-o, -u, -ië)	-ar (-or usw.)	-n (-e u. a.)	-ni
Genitiv				
partitiv	ciryo	ciryaron	eleno	elenion
Endung	-o	-aron (-oron ...)	-no	-nion
possessiv	ciryava	ciryaiva		
Endung	-ava (-ova ...)			
Dativ	ciryan	ciryain	elenen	
Endung	-an (-on usw.)	-ain	-nen	
Lokativ	ciryasse	ciryassen	elenesse	
Endung	-asse	-assen	-(e)sse	
Ablativ	ciryallo	ciryallon	elenallo	elenallon (?)
Endung	-allo	-allon	-(a)llo	-(a)llon
Allativ	ciryanna	ciryannar	elenna	elennar
Endung	-anna	-annar	-nna	-nnar
Instrumental	ciryanen	ciryainen	elennen	elenínen
Endung	-anen	-ainen	-nnen	ínen

Zum Nominativ. Bei den Substantiven auf -*e* tritt die Pluralendung -*i* nicht zur Stammendung hinzu, sondern ersetzt sie, also *lasse*, Blatt, pl. *lassi*. Hier kommen vereinzelt auch Pluralformen auf -*er* vor, z. B. *tyelle*, Stufe, pl. *tyeller*. Pluralformen für Wörter, die auf -*i* enden sind nicht bekannt.

Neben dem gewöhnlichen Plural gibt es einen »Mengen«-Plural mit der Endung -*li*, z. B. *ciryali*, »viele Schiffe«, der aber nur in wenigen Beispielen belegt ist, außerdem einen Dual auf -*t* z. B. *ciryat*, »zwei Schiffe«.

Zum Akkusativ. Daß er mit dem Nominativ gleich lautet, ist überraschend, weil es manche der bei den Elben beliebten Inversionen, z. B. Stellung des Objekts vor dem Subjekt, erschwert. Tolkien erklärte einmal, im altertümlichen »Buch-Quenya« sei der Endvokal im Akkusativ gedehnt worden, also *ciryá*, pl. *ciryai* usw. Im Dritten Zeitalter war dies anscheinend nicht mehr gebräuchlich.

Zum Genitiv. Ungewiß ist, ob die Substantive auf -*o*, z. B. *rauco*, den Genitiv sg. ebenso bilden; dieser wäre vom Nominativ dann nicht zu unterscheiden. Die Wörter auf -*ië* haben -*io*.

Den Unterschied zwischen beiden Genitiven erklärte Tolkien folgendermaßen: *róma Oromeo* – ein von Orome stammendes (etwa von ihm verschenktes) Horn; *róma Oroméva* – ein Horn in Oromes Besitz.

Zum Dativ. Eine Pluralform für ein Wort der zweiten Deklination ist nicht bekannt.

Lokativ. Antwortet auf die Frage »wo?« Also: *ciryasse*, auf dem Schiff; *Lóriendesse*, in Lórien; *elenesse*, auf oder bei dem Stern.

Ablativ. Frage »woher?« Also: *ciryallo*, von dem Schiff; *Endoresse*, aus oder von Mittelerde; *elenellon*, von den Sternen (jeweils in räumlichem Sinne).

Allativ. Frage »wohin?« Also: *ciryannar*, zu den (auf die) Schiffe(n); *Endorenna*, nach Mittelerde; gelegentlich auch im Sinne von »gegen«: *Sauron ohtacáre valannar*, Sauron führte Krieg gegen die Mächte.

Instrumental. Frage »womit, wodurch?« Also: *ciryainen*, mit den Schiffen; *súrinen*, mit dem Wind (im Wind).

Adjektive

Die Adjektive werden in der Regel mit den zugehörigen Substantiven flektiert, doch sind nur die

Pluralformen (Nominativ und Akkusativ) hinreichend bekannt. Die meisten enden auf *-a*, *-e* oder *-ea*, wenige auf einen Konsonanten.

sg.	pl.
vanwa, verschwunden	*vanwe*
luine, blau	*luini*
laurea, golden	*laurië*
alcarin, ruhmreich	*alcarini (!)*

Die Adjektive auf *-ea* und *-in* sind oft von Substantiven abgeleitet, z. B. *laure*, Goldglanz – *laurea*; *alcare*, Ruhm – *alcarin*. Viele auf *-a* sind auch Partizipien Perfekt passiv, auf *-la* Präsens aktiv.

Pronomen *(nach B. Walden/J. Allan)*

Die Quenya-Pronomen sind schwer zu erkennen, weil sie zumeist nicht als selbständige Wörter, sondern – oft in verkürzter Form – als Affixe an anderen, durch sie bestimmten Wörtern auftreten. Z. B. Aragorns Ausruf, als er den Sämling des Weißen Baums findet: *utúviënyes*, setzt sich zusammen aus den Elementen *utúvië-nye-s*, »gefunden haben-ich-es«. Ähnlich: *tiruva-nte-s*, »bewachen werden-sie-es«; *hildi-nya-r*, »Erben-mein-(Plural-Suffix)«; *oma-ryo*, »Stimme-ihre«; *omentië-lv(a)-o*, »Begeg-

nung-unsere-(Genitiv-Suffix). In Galadriels Lied in
Lórien treten die selbständige Form eines Prono-
mens und das Pronominalsuffix unmittelbar be-
nachbart an der gleichen Verbform auf: *hir-uva-lye/
elye hir-uva* – beides heißt, »du wirst finden«, aber
das vorangestellte Pronomen ist emphatischer, und
wird daher von Tolkien mit »even thou« übersetzt.

Die folgende Übersicht (nach Appleyard) enthält
auch einige hypothetische Formen.

	Nom.	Akk.	Gen.	Dat.
ich	*ni, inye, -nye,*	*ni*	*enya, -nya*	*nin*
	-n			
du (thou)	*elye, -lye*	*le, li*	*elya-, -lya, -lda*	*lin*
er	*-ro*	*-s*		
sie	*-re*	*-s*	*erya, -rya*	
es		*-s*		
wir[1]	*elme, -lme, -mme*	*me*	*elma, -lma*	*men*
wir[2]	*elve, -lve*	*ve*	*-lva*	
ihr	*elle, -lle*	*le*	*ella, -lla*	*len*
sie	*ente, -nte*	*te*		

[1] Exklusives Wir: den Angesprochenen ausschließend.
[2] Inklusives Wir: den Angesprochenen miteinschließend.

Demonstrativpronomen: sina, diese(r/s)

Relativpronomen: als solches wird in mehreren Fällen der bestimmte Artikel *i* verwendet (unflektiert), z. B. *Nai tiruvantes i hárar mahelmassen mi Númen* ..., wachen mögen jene, die auf den Thronen des Westens sitzen ...

Verben

Im Wörterbuchteil werden Verben zumeist unter der Stammform des Präsens angegeben (soweit sie bekannt ist), z. B. *lanta-,* fallen. Dies ist jedoch nicht der eigentliche Infinitiv, der vielmehr *lantië* hieße und ein substantiviertes Verb ist, das dekliniert werden kann. Nach manchen Hinweisen können Infinitive auch in anderer Zeitform gebildet werden: *lantuvië* (?) hieße demnach »fallen werden«.

Die Vergangenheit wird durch Anfügung von *-ne* an den Präsens-Stamm gebildet; also *lantane,* er (sie, es) fiel. Hier scheint es jedoch viele unregelmäßige Formen geben, z. B. wird der auslautende Vokal des Präsens-Stamms oft elidiert, wenn die entstehende Konsonantenfolge gut sprechbar ist, z. B. *farya-/farne-,* genügen. Manchmal assimiliert sich *-ne* einem vorangehenden Konsonanten, so daß als Endung *-e* allein zurückbleibt: z. B. *lumbu-*

*le undul**á**ve*, Schatten sickerte herab.Die Präsens-Stammform ist zugleich der Imperativ und die 3. ps. sg.: *laita!*, rühme, rühmt!; *caita mornië*, Dunkelheit liegt ...; *elen sila*, ein Stern scheint. Die 3. ps. pl. wird mit dem Plural-Suffix *-r* gebildet. Also: *lasse lanta*, ein Blatt fällt / *lassi lantar*, Blätter fallen. Die übrigen Personalformen werden mit Pronominalsuffixen gebildet, sofern nicht das Pronomen als selbständiges Wort dem Verb vorangeht, also z. B. die 1. ps. sg. auf *-in* oder *-n*.

Das Perfekt kennzeichnet sich durch das Affix *-ië*, Längung des Vokals der vorangehenden Stammsilbe und Voranstellung desselben (kurzen) Vokals: z. B. *tulin*, ich komme / *utúliën*, ich bin gekommen.

Zur Bildung des Futurs wird die Präsens-Stammendung durch *-uva* ersetzt: *man i yulma nin enqantuva?* Wer wird mir den Becher nachfüllen?

Quenya kannte sicherlich auch einen oder mehrere Konjunktive, doch sind dazu nur wenige Beispiele bekannt, vor allem der Optativ *nai*, es möge sein, daß ... Manchmal wird das Futur in konjunktivischem Sinne gebraucht.

Das Partizip Präsens aktiv endet auf *-ala*: *lantala*, fallend; das Partizip Perfekt passiv auf *-aina*, *-ina* oder *-na*: *lantaina* (?), gefallen, (mit vielen unregelmäßigen Formen).

Die folgende Übersicht enthält auch Formen, die für *lanta-* nicht belegt, sondern in Analogie zu den entsprechenden Formen anderer Verben gebildet sind.

Präsens		Imperfekt	
ich falle	lantan	ich fiel	lantanen
du fällst	lantalye	du fielst	lantanelye
er fällt	lanta	er fiel	lantane
wir fallen	lantalme (-lve)	wir fielen	lantanelme (-lve)
ihr fallt	lantalle	ihr fielet	lantanelle
sie fallen	lantar	sie fielen	lantaner
Perfekt		Futur	
ich bin gefallen	alántiën	ich werde fallen	lantuvan
du bist gef.	alántiëlye	du wirst f.	lantuvalye
er (sie, es) ist gef.	alántië	er wird f.	lantuva
wir sind gef.	alántiëlme (-lve)	wir werden f.	lantuvalme (-lve)
ihr seid gef.	alántiëlle	ihr werdet f.	lantuvalle
sie sind gef.	alántiër	sie werden f.	lantuviénte (lantuvar)

Grammatik S (Sindarin)

Sindarin, die Sprache der Grauelben, ist weniger als Schriftsprache entwickelt als Quenya und weist daher viele Mundarten auf. (Frodo, der es leidlich beherrscht, weil er es von Bilbo und in Bruchtal gelernt hat, glaubt bei den Waldelben von Lórien eine völlig fremde Sprache zu hören.) Nur wenige Texte sind darin überliefert, dafür aber viele hundert Namen mit ihren Bedeutungen. Daher kennen wir eine große Anzahl Wörter, wissen aber nur wenig von der Grammatik. Dieses Wenige wurde schon 1978, vor dem Erscheinen des *Silmarillion* und der anderen nachgelassenen Schriften Tolkiens, in bewundernswerter Weise aufbereitet in dem Buch von J. Allan u. a., *An Introduction to Elvish*. Daraus entnehme ich auch heute noch den größten Teil meiner Kenntnisse. Spätere Veröffentlichungen halfen dann noch etwas weiter, insbesondere ein Brief König Elessars, in dem er seinen Besuch an der Brandywein-Brücke ankündigt, in Tengwar-Schrift faksimiliert im Bd. IX der *History of Middle-earth*, S. 130/131.

Auf die Regelmäßigkeiten des Lautwandels, in dem Sindarin aus dem Urelbischen entstand, kann ich hier nicht eingehen; wer dazu Näheres wissen will, sei auf das schon erwähnte Buch von J. Allan

sowie auf Tolkiens nachgelassene Schriften ver-
wiesen, besonders in den Bänden V, IX und XI der
History of Middle-earth.

Wie vom Finnischen für Quenya, so hatte Tolkien sich für Sindarin vom Walisischen anregen
lassen. Eines der übernommen Merkmale sind die
sogenannten Lenierungen, d. h. Erweichungen von
Konsonanten, die man in vielen Fällen sehen kann,
wenn man die verwandten Quenya- und Sindarin-
Wörter vergleicht: *Q al<u>c</u>ar/S a<u>g</u>lar; Q Al<u>t</u>áriel/
S Gala<u>dr</u>iel; Q ló<u>t</u>e/S lo<u>th</u>.* Noch auffälliger ist das
System der Ablaute in der Pluralbildung der Sub-
stantive (ähnlich den deutschen Umlauten, z. B. in
Fuß/Füße). Alle Vokale scheinen im Plural in Rich-
tung auf ein *i* hin gebrochen zu werden. In vielen
Fällen ist es möglich, eine unbekannte Form ana-
log zu erschließen. Z. B. wird der (nicht belegte)
Singular von *tyrn* (in *Tyrn Gorthad*) mit einiger
Sicherheit *torn* heißen, nach dem Vorbild von
orch/yrch.

Pluralbildung und Deklination

Der Ablautplural kann eine beliebige Mehrzahl
bezeichnen. Er wird von den Adjektiven ebenso
wie von den Substantiven gebildet. Hier einige
typische Ablautfolgen:

	sg.	pl.		sg.	pl.
Bart	fang	feng	**Ent**	onod	enyd
Auge	hên	hîn	**Freund**	mellon	mellyn
todgeweiht	feir	fir	**blau**	lûn	luin
Ork	orch	yrch	**Zwerg**	nogoth	noegyth
Schwan	alph	eilph	**Stechpalme**	ereg	erig
Turm	barad	beraid	**Rücken**	dân	dein
Berg	amon	emyn	**Eiche**	doron	deren
grün	galen	gelin	**Stern**	êl	elin
Ufer	falas	feles	**Stern**	gil	geil
Lampe	celeir	celer	**Gans**	gwaun	guin
Lampenmacher	celerdan	celerdain			

Oft wird der Plural nicht in dieser Weise, sondern mit dem Suffix *-ath* oder *-iath* ausgedrückt. Dies ist ein Kollektivplural, d. h. er bezieht sich auf die Gesamtheit der bezeichneten Dinge, z. B. *elenath*, die (alle) Sterne. In Bezug auf Völker oder Stämme wird dem Singular manchmal die Silbe *-rim* angefügt, die etwa (Heer-)Schar bedeutet: *Galadhrim, Rohirrim, Onodrim.* In abwertendem Sinne kann statt dessen auch *-hoth* gebraucht werden, z. B. *glamhoth*, die »lärmende Horde« (der Orks). Ist einem dieser Wörter ein Adjektiv zugeordnet, so bildet es jedoch den Plural mit Ablaut, z. B. *Pinnath Gelin*, die grünen Hänge (sg. *pinn galen*).

Für die Deklination sind im übrigen nur wenige Beispiele bekannt. Der Genitiv wird gewöhnlich durch einfache Nachstellung des Wortes hinter das zu bestimmende Wort ausgedrückt, z. B. *aran Moria*, König von Moria, manchmal mit dem bestimmten Artikel *i* oder mit *en* (von), die beide ähnlich wie das englische »of« gebraucht werden können, z. B. *Hîr i Mbair Annui*, Herr der Westlande, oder *conin en annûn*, Heerführer des Westens. Für den Genitiv pl. gibt es Beispiele mit der Endung *-on* (ähnlich Q *-ion*): *Caras Galadhon*, die Stadt der Bäume. Der Akkusativ ist gleichlautend mit dem Nominativ; über den Dativ und andere etwa vorhandene Kasus ist nichts bekannt.

Personalpronomen

ich: *im*, *-in* (Pronominalsuffix); mir: *anim*; mich: *nin*.

du: *le*, *lye* (ehrerbietige Anrede, aus dem Q entlehnt); auch Akkusativ »dich«

er: *ho*, *hon*, *hono*; auch: *e*; sein(e): *în*, *dîn*; pl. (sie): *huin*

sie: *he*, *hen*, *hene*; pl. *hîn*

es: *ha*, *hana*; pl. *hain*

Verben

Nur wenige Formen sind zuverlässig belegt. Wie im Quenya scheint der *Imperativ*, jedoch mit der Endung *-o*, die Stammform für die Gegenwart zu sein: *pedo!* sprich! (zugleich pl.: sprecht!); ähnlich *cuio! minno! daro! eglerio! tiro!* usw.

Welche der von Tolkien angegebenen Formen den *Infinitiv* darstellt, ist schwer auszumachen. Auffällig sind einige Beispiele mit der Endung *-ad*: *suilannad*, begrüßen, *tírad*, sehen, *mistrad*, umherirren. Ob dies jedoch paradigmatisch ist, erscheint fraglich.

Zwei *Partizipien* treten auf: *diriel*, »blickend« (Präsens aktiv), und *díriel*, »geblickt habend« (Perfekt aktiv).

Für das *Präsens* sind die 1. und die 3. Person sg. mehrfach belegt; *nallon*, ich rufe (*-n* vermutlich dasselbe Pronominalsuffix wie im Quenya); *aníra*, er wünscht (Endung *-a* wie im Quenya).

Zur *Vergangenheit* sind nur Beispiele für die 1. Person bekannt: *teithant*, ich schrieb; *echant*, ich schuf; *gwedhant*, ich band. Die beiden von Aragorns Mutter Gilraen gebrauchten Wörter *ónen* und *chebin* sind vermutlich Perfekt-Formen, also: »ich habe gegeben«, »ich habe behalten«.

Für das *Futur* ist das Affix *-ath* mehrfach belegt:

linnathon, ich werde singen; *anglennatha*, er wird sich nähern (*anglennatha i Varanduiniant*, er wird zur Baranduin-Brücke kommen).

Zur Aussprache

Wer die elbischen Wörter so ausspricht, wie es der gewöhnliche deutsche – nicht etwa: englische – Lautwert der Buchstaben nahelegt, macht nicht sehr viel falsch. Daher ist es nicht nötig, zu jedem Wort die Aussprache eigens anzugeben. Einige Besonderheiten seien kurz aufgezählt. (Siehe dazu auch den Anhang E des *Herrn der Ringe*.)

Alle hier nicht behandelten Buchstaben haben den gewöhnlichen deutschen Lautwert.

Konsonanten

C   außer in der Verbindung CH *immer* als *k* aus-
     zusprechen (von Tolkien auch oft so
     geschrieben, aber im *Herrn der Ringe* ent-
     schied er sich für eine Schreibung, die ans
     Lateinische erinnern sollte.)

DH   das stimmhafte (weiche) *th* des Englischen
     wie in *then*.

H   in der Quenya-Verbindung *HT* wie *ch* in dt.
     echt oder *acht*. In den Verbindungen LH
     (oder HL), RH (oder HR) und HW (oder WH)
     wird es nicht gesprochen, sondern bezeich-
     net nur die Stimmlosigkeit des anderen Kon-

sonanten. HY im Quenya ist ein *hj*-Laut, ähnlich wie in engl. *huge*.

I   anlautend vor einem anderen Vokal im Sindarin konsonantisch *(j)*, z. B. *Ioreth*.

L   wie im Dt., aber zwischen E oder I und einem Konsonanten oder im Auslaut nach E oder I ein wenig palatalisiert wie in engl. *hilt*.

PH   steht manchmal für *f* im Auslaut (z. B. *alph*), für Doppel-*f* zwischen zwei Vokalen (z. B. *ephel*) oder nach orthographischer Konvention für ein *f*, das aus *p* hervorgegangen ist.

Q(U) derselbe *kw*-Laut wie im Dt. Die Weglassung des U nach Tolkiens Gepflogenheit in den »Etymologies«.

R   das englische Zungenspitzen-*r* wie in *rather;* in den Verbindungen RH oder HR wie das stimmlose dt. *r* in *Rest*.

S   immer stimmlos wie dt. *ß*.

TH   das stimmlose engl. *th* wie in *thin*.

TY   ein *tj*-Laut wie in engl. *tune;* später, unter dem Einfluß einer im Westron häufigen Verbindung, *tsch* wie in *tschüs*.

V   das deutsche *w*, im Auslaut als *f* geschrieben.

W   das halbvokalische englische *w* (»Doppel-U«); in der auslautenden Verbindung *-aw* wie dt. *au* gesprochen (z. B. *lhaw*, Gehör).

Y   im Quenya ein Konsonant (dt. *j*), im Sindarin
        ein Vokal (dt. *ü* oder *i*); später, unter Westron-
        Einfluß, auch in Quenya-Wörtern wie dt. *sch*
        ausgesprochen.

Doppelt geschriebene Konsonanten wie *tt*, *ll*, *ss*,
mm oder *nn* werden lang oder hörbar »doppelt«
gesprochen (ähnlich wie im Italienischen).

Vokale

Die Vokale *i*, *e*, *a*, *o* und *u* haben etwa den gleichen
Lautwert wie im Deutschen; *y* (nur im Sindarin)
entspricht unserem *ü*, in der gondorischen Aussprache einem *i*. Lange Vokale tragen gewöhnlich
einen Akut. Das Zirkumflex in betonten, zumeist
einsilbigen Sindarin-Wörtern bezeichnet einen
überlangen Vokal.

Diphthonge

Im Quenya sind *ui*, *oi*, *ai*, *iu*, *eu* und *au* Diphthonge, d. h. einsilbig auszusprechen wie in dt. *pfui*,
neu, *Stein*, *jung*, *treu* und *blau*. Alle anderen
Vokalpaare sind zweisilbig.

Im Sindarin sind *ui, ai* und *au (aw)* von gleichem Lautwert wie die entsprechenden Diphthonge im Quenya; *ei* ist im Vergleich zu *ai* geschlossener wie in engl. *lady*. Zu *ae* und *oe* gibt es im Dt. keine genauen Entsprechungen; zur Not können *ae* wie *ai* und *oe* wie *eu* gesprochen werden. Alle anderen Vokalpaare sind zweisilbig.

Die in beiden Sprachen häufige Verbindung *ie* wurde für den deutschen Leser mit dem Trema versehen *(ië)*, um zu verdeutlichen, daß die beiden Vokale getrennt und nicht als langes *i* zu sprechen sind.

Betonung

In beiden Elbensprachen ist die Betonung in drei- oder mehrsilbigen Wörtern von der Silbenlänge abhängig. Als lang gilt eine Silbe, wenn sie einen langen Vokal oder einen Diphthong enthält oder wenn auf den Vokal mehr als ein Konsonant folgt (auch dann, wenn der zweite Konsonant schon zur nächsten Silbe gehört). Dabei gelten Doppelkonsonanten wie *nn* oder *tt* als zwei Konsonanten. Verbindungen wie *nd, mb, ng, ngw, rd* und *ld*, die in der feanorischen Schrift durch ein einziges Teng- wa bezeichnet werden, gelten gleichwohl als zwei Konsonanten, nicht dagegen *dh, th,* und *ch*.

Zweisilbige Wörter haben fast immer den Ton auf der ersten Silbe[1] (Ausnahme: *amAn*).

Drei- oder mehrsilbige Wörter haben den Ton auf der vorletzten Silbe, wenn diese lang ist, z. B. *andÚril* (der betonte Vokal jeweils großgeschrieben), sonst auf der drittletzten, auch wenn diese kurz ist, z. B. *cUrunír*. Diese Regel gilt in zusammengesetzten Wörtern auch dann, wenn die Betonung der einzelnen Elemente eine andere ist, z. B. *Umbar* + *dAcil* wird *umbArdacil*; *Arathorn* + *ionn* wird *arathOrnion*. Zwei bekannte Ausnahmen: *mEnegroth*; *nArgothrond*.

Dazu noch einige Beispiele (weitere gibt Anhang E des *Herrn der Ringe*): *anfAUglith*, *celEbdil*, *celebrImbor*, *finArfin*, *carAdhras*, *sirAnnon*, *belEriand*, *romEndacil*, *Aglarond*, *Angrenost*, *ancAlagon*, *uvAnimo*, *narqElion*, *(aber:)* *nArbeleth*.

---

[1] Tolkiens Aussprache, die wir aus Tonaufnahmen kennen (z. B. *J. R. R. Tolkien Collection*, HarperCollins Audio Books), kommt vielfach einer »schwebenden« Betonung nahe, bei der die Unterschiede zwischen betonten und unbetonten Silben geringer sind als im Deutschen. Z. B. sagt er *sAU-rOn*, so daß die zweite Silbe nur wenig schwächer betont ist als die erste.

Die Tengwar

Außer über die Sprachen der Elben gibt Tolkien auch über die Schrift Auskunft, in der diese Sprachen dargestellt wurden: die feanorische Schrift oder die Tengwar (*tengwa*, Schriftzeichen). Alles Wesentliche dazu findet sich im Anhang E des *Herrn der Ringe*, aus dem wir die Tafel mitsamt den Angaben zu den Lautwerten auf den Seiten 40 und 41 noch einmal abdrucken. (Außerdem gab es eine »Runen«-Schrift aus *Certar*, Ritzzeichen, die wir hier beiseite lassen, weil sie im Dritten Zeitalter nur noch bei den Zwergen gebräuchlich war.)

Weil die Tafel nicht über die ganze Vielfalt der von Tolkien und seinen Geschöpfen verwendeten Schreibweisen Aufschluß gibt, wird beim Lesen einzelner Schriftproben oft erst das eine oder andere Zeichen »dechiffriert« werden müssen, das in unerwarteter Bedeutung auftritt oder in der Tafel nicht vorgesehen ist. Dies geht natürlich leichter, wenn die Elbenschrift mit einer Transkription verglichen werden kann. Deshalb folgen drei Beispiele, die zugleich zeigen, wie die Tengwar für verschiedene Sprachen gebraucht werden können, hier Sindarin, die Schwarze Sprache und modernes Englisch. (Auf Deutsch mußten wir verzichten,

	I	II	III	IV
1	1	2	3	4
2	5	6	7	8
3	9	10	11	12
4	13	14	15	16
5	17	18	19	20
6	21	22	23	24
	25	26	27	28
	29	30	31	32
	33	34	35	36

Jedes Tengwa hatte einen Namen, ein Quenya-Wort, das mit ihm anfing oder in dem es vorkam:

1) *tinco*, Metall, *t.* 2) *parma*, Buch, *p.* 3) *calma*, Lampe, *k*, manchmal *ch.* 4) *quesse*, Feder, *kw*, manchmal *k.* 5) *ando*, Tor, *nd* im Quenya, sonst *d.* 6) *umbar*, Schicksal, *mb* im Quenya, sonst *b.* 7) *anga*, Eisen, *ng* im Quenya, sonst *g*, manchmal *j.* 8) *ungwe*, Spinnennetz, *(n)gw*, manchmal *g.* 9) *thúle (súle)*, Geist, im Quenya stimmloses *s*, Sindarin stimmloses (engli-

sches) *th*. 10) formen, Norden, *f*. 11) *harma*, Schatz, *ch*; später *aha*, Zorn, für *h*, wenn im Anlaut. 12) *hwesta*, Brise, *(c)hw*. 13) *anto*, Mund, *nt* im Quenya, sonst oft *dh* (stimmhaftes engl. *th*). 14) *ampa*, Haken, *mp* im Quenya, sonst oft *v* (deutsches *w*). 15) *anca*, Kiefer, *nk (sch)*. 16) *unque*, Mulde, *nkw (schw)*. 27) *númen*, Westen, *n*, manchmal *nn*. 18) *malta*, Gold, *m*. 19) *noldo (ngoldo)*, ein Noldo, *ng*, später *n* im Anlaut. 20) *nwalme (ngwalme)*, Folter, *n(g)w*. 21) *óre*, Herz, Gemüt, schwaches (ungerolltes) *r*, manchmal *n*. 22) *vala*, Gott, Engel, halbvokalisches (englisches) *w*, manchmal *m*. 23) *anna*, Geschenk, Quenya *nn*, sonst meist *j*, manchmal *o*. 24) *vilya (wilya)*, Luft, *w*. 25) *rómen*, Osten, Zungen-*r*. 26) *arda*, Reich, *rd* (oder *rh*). 27) *lambe*, Zunge, *l*. 28) *alda*, Baum, *ld (lh)*. 29) *silme*, Sternenlicht, *s*. 30) *silme nuquerna*, umgestülptes *s*, gleichbedeutend mit 29), Raum lassend für diakritische Zeichen. 31) *áre (áze)*, Sonnenlicht, *z (ts?)*, später *esse*, Name, *ss*. 32) *áre* (oder *esse*) *nuquerna*, umgestülptes *ss*. 33) *hyarmen*, Süden, ursprünglich ein schwächeres *(c)h*, im Dritten Zeitalter *h*. 34) *hwesta sindarinwa*, eine mit Rücksicht auf das Sindarin eingeführte Variante zu 12), stimmloses *w* (*hw*). 35) *yanta*, Brücke, halbvokalisches *y (j)*, manchmal *e*. 36) *úre*, Hitze, halbvokalisches *w*, manchmal *u*.

weil dazu keine authentischen Proben vorliegen. Es steht dem Leser frei, sich darin zu versuchen.)

1) Die *Silmarillion*-Titelei. Viele Leser haben sicherlich schon den Text auf dem Vorsatzblatt zum *Herrn der Ringe* entziffert, der in Langrunen beginnt und in Tengwar fortfährt: THE LORD OF THE RINGS TRANSLATED FROM THE RED BOOK of the westmarch by john ronald reuel tolkien: herein is set forth the history of the war of the ring and the return of the king as seen by the hobbits.

Eine ähnliche englische Inhaltsangabe in Elbenschrift fügte Christopher Tolkien der Titelseite des *Silmarillion* bei, das er 1977 aus dem Nachlaß seines Vaters herausgab. Sie ist leicht zu lesen, weil alle Zeichen nach Tolkiens Tafel unverbunden wie Druckbuchstaben nebeneinandergesetzt sind, mit deutlichen Abständen zwischen den Wörtern. Diakritische Zeichen (Tehtar) über (oder unter) den Konsonanten geben die Vokale an: drei Punkte für *a*, ein Punkt für *e*, der Akut für *i*, nach rechts offene Kringel für *o*, nach links offene für *u*. Der Punkt unter der Zeile steht für das kaum gesprochene englische *e* im Auslaut wie in »age« und »come«. Häufig auftretende Wörter wie »of«, »and«, »the« und »of the« sind zu Kürzeln vereinfacht.

---

the   tales   of   the   first   age

when   morgoth   dwelt   in

middle   earth   and   the   elves

made   war   upon   him   for
(»wor«?)   (»upin«?)

the   recovery   of the   silmarils

to which are appended the

downfall of numenor and the

history of the rings of power and
(»powr«?)

the third age in which these tales

come to their end.

2) Die Inschrift am Westtor von Moria. Es soll die Schreibweise von Beleriand sein; plausibler wäre aber, daß es die von Eregion im Zweiten Zeitalter ist. Die Vokale – vermutlich nach dem Vorbild der Zwergenrunen – werden ausgeschrieben: λ (Nr. 35) für *e*; ⲥⲓ (Nr. 23) für *o*; ⲟ (36) für *u*; ⲥ (nicht in der Tafel) für *a*; ꞁ (n.i.d.T.) für *i*; ꞡ (n.i.d.T.) für *y* (*ü*); als Diphtonge ꞔ̆ für *ai* und λ̇ für *ei*; *n, nn* und *m* werden von Zeichen vertreten, die in den meisten Schreibweisen eine andere Wertigkeit haben.

Ennyn	durin	aran	moria:	pedo	mellon	a	minno
im	narvi	hain	echant:		celebrimbor		
o	eregion	teithant		i	thiw	hin	

3) Die Ringinschrift in der Schwarzen Sprache. Die meisten Zeichen sind trotz der schmal-kursiven Form in der Tafel gut wiederzuerkennen. Neu sind ᴄꝶ für *sch* in dem dreimal wiederholten *ash nazg* und ᴇꝶ für *ch* in *agh* am Anfang der vierten Halbzeile. Die Vokalzeichen sind drei Striche für *a*, der nach rechts geneigte Kringel für *u* (mit Doppelstrich für den langen Vokal – Sauron war ein sehr penibler Kalligraph) und der Akut für *i*; *e* und *o* kommen nicht vor.

Weil die fehlenden Wortabstände das Nachbuchstabieren etwas erschweren, setze ich kleine graue Pfeile unter oder über die Grenzpunkte.

ash nazg   durbatulûk, ash nazg gimbatul

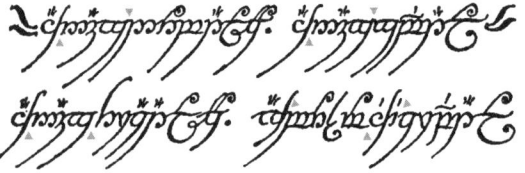

ash nazg thrakatulûk, agh burzum-ishi krimpatul

Quellen

Schriften von J. R. R. Tolkien, von ihm selbst herausgegeben

The Lord of the Rings, 3 Bde, London, Allen & Unwin, 1954/55, hier nach der einbändigen Ausgabe (1968). Deutsch: *Der Herr der Ringe*, Stuttgart, Klett-Cotta, 2000.

The Road Goes Ever on (zusammen mit Donald Swann), London. Allen & Unwin, 1967, 2. Ausgabe 1978; Faksimile-Ausgabe: Hamburg, Olaf Hille Verlag, 1993. (Enthält sprachliche Erläuterungen Tolkiens zu *Namárië* und *A Elbereth Gilthoniël*.)

Posthume Veröffentlichungen

The Silmarillion, herausgegeben von Christopher Tolkien, London, Allen & Unwin, 1977. Deutsch: *Das Silmarillion*, Stuttgart, Klett-Cotta, 1978. (Enthält ein Register der elbischen Namen, mit Übersetzungen, sowie ein Glossar von Wurzelsilben und Wortstämmen.)

Unfinished Tales of Númenor and Middle-earth, hg. von Christopher Tolkien, London, Allen & Unwin, 1980: Deutsch: *Nachrichten aus Mittel-*

erde, Stuttgart, Klett-Cotta, 1983. (Mit Namensregister und Kommentar des Herausgebers.)

Letters, hg. von Humphrey Carpenter, London, Allen & Unwin, 1981. Deutsch: *Briefe*, Stuttgart, Klett-Cotta, 1991. (Darin besonders die Briefe Nr. 144, 168, 211, 230, 297, 324 und 347.)

The Monsters and the Critics and Other Essays, hg. von Christopher Tolkien, London, Allen & Unwin, 1983. Deutsch: *Die Ungeheuer und ihre Kritiker*, Stuttgart, Klett-Cotta, 1987. (Gesammelte Aufsätze und Vorträge; darin besonders »A Secret Vice«.)

The History of Middle-earth, 12 Bde, hg. von Christopher Tolkien, London, 1983–1996. (Alle Bände enthalten Angaben zu den Elbensprachen, allerdings aus weit auseinanderliegenden Entwicklungsstadien. Folgende Bände waren für die hier getroffene Auswahl besonders ergiebig:)

Band V: *The Lost Road and Other Writings*, London, Unwin Hyman, 1987. (Darin besonders »The Lhammas« – Übersicht über die Geschichte der Elbensprachen – und »The Etymologies«)

Band IX: *Sauron Defeated*, London, HarperCollins, 1992. (Darin besonders S. 128 ff. und 246 f.)

Band X: *Morgoth's Ring*, London, HarperCollins, 1993. (Darin besonders »Laws and Customs among the Eldar« und »Athrabeth Finrod ah Andreth«)

Band XI: *The War of the Jewels*, London, Harper Collins, 1994. (Darin besonders »Quendi and Eldar«)

Band XII: *The Peoples of Middle-earth*, London, HarperCollins, 1996. (Darin besonders »The Appendix on Languages« und »The Problem of *Ros*«)

Andere Quellen

J. Allan u. a.: *An Introduction to Elvish*, Glenfinnan, Bran's Head, 1978 (5. Auflage 2001).

A. Appleyard: *Quenya Grammar Reexamined*, Manchester 1995 (http://www.dcs.ed.ac.uk/misc/local/TolkLang/articles/Appleyard.Quenya).

Abkürzungen

adj.	Adjektiv, adjektivisch
adv.	Adverb, adverbial
arch.	archaisch, altertümlich
f.	Femininum
fut.	Futurum, Zukunft
gegenw.	Gegenwart, Präsens
m.	Maskulinum
Ma.	Mundart
part.	Partizip
perf.	Perfekt
pl.	Plural
poet.	poetisch
ps.	Person
Q	Quenya
S	Sindarin
s.	siehe
sg.	Singular
urelb.	urelbisch
verg.	Vergangenheit, Imperfekt
vgl.	vergleiche

Teil I – Elbisch-Deutsch

A_a

a! [Q, S] o! (Ausruf)

abonnen [S] die Nachfolger (Menschen),
  sg. *eboennin*

acsa [Q] Schlucht, Engpaß

ad [S] zwei → *atta*

adab [S] Haus, Gebäude, pl. *edeb*; → *taca-*

adan [S] Mensch, pl. *edain*; → *atta*

adaneth [S] (sterbliche) Frau; → *atta, nis*

adar [S] Vater, pl. *edrin, (edeir, eder)*; → *atar*

adel [S] hinter → *telda*

aderthad [S] Versöhnung

adu- [S] doppel-, zweit- (Präfix); → *atta*

aduial [S] »zweite Dämmerung«, Abend; → *atta,
  cala*

Adúnar [S] Westron, vgl. *soval phare*

aear *(oear)* [S] Meer → *ear*

aeg *(oeg)* [S] scharf, spitz → *aica*

aeglir *(aeges, oeges)* [S] Kette von Berggipfeln,
  sg. *aegas* → *aica*

aelin *(ailin)* [S] See, Teich

aer *(aear)* [S] Meer, (z. B. Belegaer, Großes Meer)
  → *ear*

aes *(ass)* [S] (zubereitete) Mahlzeit, Fleisch

aew [S] Vogel

afor [S] Verweigerer, pl. *efuir (efyr)* → *ava*

agarwaen [S] blutbefleckt

aglar [S] Ruhm, Glanz, *aglareb*, ruhmreich → *alca*

aglon [S] Schlucht, Engpaß

agr *(agor)* [S] eng, schmal

aha [Q] Zorn; das Tengwa ᴄ (h)

ai! [Q, S] ah! ach! o weh! sieh da!

---

aica [Q] scharf, spitz; urelb. AYAK-; [Q] *aicale, aicasse* Berggipfel; [S] *aegas, oegas*, pl. *aeges, aeglir*, Gipfelkette; z. B. *Hithaeglir*, das Nebelgebirge. Verwandt mit [Q] *aiqa*, steil, und [S] *taig*, tief.

---

aimenel [S] Lerche → *menel*

aina [Q] heilig

Ainu [Q] Heiliger, Engel, f. *Aini*

aiqa [Q] steil

aiqen [Q] »wenn irgendjemand ...«; → *qén*

aira [Q] (kupfer-)rot

aista- [Q] fürchten

aith [S] Speerspitze → *ecco*

aiwe [Q] Vogel

Aiwendil [Q] Vogelfreund (Radagast)

aiwenor(e) [Q] »Vogelland«, die untere Luftschicht

aiya! [Q] sehet! Heil! sei gegrüßt!

al- [S] verneinendes Präfix

alag [S] stürmisch → *alqa*

alagos [S] Sturm → *alqa*

alalme *(lalme)* [Q] Ulme

alarca [Q] vgl. *larca*

alasse [Q] Freude

Alataire [Q] das »große Meer«; [S] Belegaer

alata [Q] Glanz → *alca*

alca [Q] Lichtstrahl; urelb. AKLA-R-: [Q] *alata*, Glanz; *alcare*, Ruhm, Strahlen, Leuchten; *alcarin(qa)*, strahlend, ruhmreich; [S] *aglar*, Ruhm → *cala*.

alda Q Baum; urelb. GALAD-: z. B. Namen wie [Q] *Aldaron* (Orome), *Aldea*; [S] *galadh*, z. B. *galadhrim*, die »Baumleute« (von Lórien); *alda*: das Tengwa ⍓ (ld).

Aldalemnar [Q] Woche der Bäume (im Kalender von Valinor); auch *Endiën*; → *alda*

aldarwa [Q] bewaldet → *alda, harya-*

Aldea [Q] »Baumtag« (4. Tag der númenórisch-elbischen Woche), auch *Aldúya,* vgl. [S] *Orgaladhad*

Aldúya [Q] »Zwei-Bäume-Tag (4. Tag der elb. Woche); → *alda*

alma [Q] Glück, Segen, Reichtum; urelb. GALA-, wachsen, gedeihen: [Q] *alya*, reich, gesegnet; *almië (almare)*, Seligkeit;

almarea, selig; [S] *galw*, Glück, Segen; *galo-*,
wachsen; *galas*, Gewächs, Pflanze.

almarea [Q] selig → *alma*
almië *(almare)* [Q] Seligkeit → *alma*
alph [S] Schwan, pl. *eilph* → *alqa*

alqa [Q] Schwan; urelb. ALAK-, stürmen, eilen:
[Q] *Alqalonde*, »Schwanenhafen«; [S] *alph*,
Schwan; *alagos*, Sturm.

alta [Q] groß, weit
alya [Q] reich, gesegnet → *alma*

am- [Q, S] auf- (Präfix), urelb. AM-: [Q] *amban*,
Berg; *am(ba)pende*, bergauf; *amba*, aufwärts;
[S] *ambenn*, bergauf; *amon*, Berg; *amrûn*, auf-
steigend, Sonnenaufgang (Osten); vgl. *pende*.

aman [S] Mutter, pl. *emnin* → *amil*
aman [Q] heilig, gesegnet
Aman [Q] »das heilige Land« (der Valar)
Amanyar *(Amaneldi)* [Q] »die von Aman kommen« (die Lichtelben)
amarth [S] Schicksal → *martya-*
amaticse [Q] Punktzeichen über der Tengwar-
Zeile für einen voll artikulierten Vokal; → *am-*,
amba [Q] aufwärts; → *am-*
ambal [Q] geglätteter Stein, Pflasterstein

amban [Q] Berg → *am-*

> **a-mbar** *(ambaron)* [Q], urelb. MBAR-, bewohnen: [Q] *ambar*, Schicksal, Welt; *mar*, Wohnstatt; *Ambarenya*, Mittelerde; [S] *Emerin*; *mbar*, Land; [Q] *ambarmetta*, Weltende; [S] *am(b)ar*, *amarth*, Schicksal, Welt.

ambar [S] »oikumene«, Erde, »Wohnsitz«, Weltgeschick

ambarenya [Q] »die bewohnte Mitte«, Mittelerde

ambarmetta [Q] Weltende → *a-mbar*

Ambarcanta [Q] »Weltentstehung«, Kosmogonie; → *a-mbar*; → *canta-*

ambenn *(ambend)* [S] bergauf → *am-*, *pende*

amdir [S] »Aufblick«, Hoffnung; → *am-*, *tir-*

amil *(amme)* [Q] Mutter

amilesse [Q] »Muttername« (von der Mutter gegebener Name)

amlug [S] Schlangendrache, Lindwurm → *ango*, *lóce*

ammale *(ambale)* [Q] Goldammer → *malina*

ammen [S] für uns (? – *edro hi ammen*, öffne jetzt für uns)

amon [S] Berg, pl. *emyn* → *am-*

amorta- [Q] wogen; *amortala*, wogend

ampa [Q] Haken; das Tengwa ᚺ (mp)

ampano [Q] Hütte → *panya-*

ampende [Q] bergauf, Anstieg → *am-*, *pende*

amrûn [S] Sonnenaufgang, Osten → *rómen*

an *(ana, na)* [Q] ❶ (hin) zu; Präf. *ana-*; ❷ denn

an- [Q] Superlativ- oder Intensivpräfix

an(a)dúne [Q] Sonnenuntergang, Westen → *núme-*

anann [S] lange (*cuio … anann*, lange sollen sie leben)

a-nanta [Q] dennoch → *ná*

Anar [Q] die Sonne → *nár(e)*

anaróre [Q] Sonnenaufgang → *nár(e), óre*

Anarya [Q] »Sonnentag« (2. Tag der elb. Woche), vgl. [S] *Oranor*; → *nár(e)*

anc [S] Gebiß, Zahnreihe → *nac-*

anca [Q] Rachen, Kiefer → *nac-*; das Tengwa ᴄᴄʟ (nk)

ancalima [Q] überaus hell (*elenion ancalima*, »hellster der Sterne«) → *cala*

and *(ann)* [S] lang → *anda*

anda [Q] lang; urelb. ANAD-; [S] *and(an)*; in vielen Wortzusammensetzungen, z. B. [Q] *andamundo*, Elefant; *andatehta*, Längenzeichen; [S] *Anfang*, »Langbart«, Zwerg; *Anduin*, »langer Fluss«.

andabon *(annabon)* [S] Elefant → *anda, mundo*

Andafangar [Q] »Langbärte«, Zwerge → *anda, fanga*

andaith [S] Langstrich (Zeichen für Vokallänge) → *anda, tengwe*

andamundo [Q] »Langnase«, Elefant → *anda, mundo*

andatehta [Q] Längenzeichen für Vokale in der Tengwar-Schreibweise: Vertikalstrich mit Unterlänge; → *anda, tengwe*

andave [Q] lange → *anda*

An(d)fang [S] »Langbart«, Zwerg, pl. *Enfeng* oder *Anfangrim* → *anda, fanga*

ando *(andon)* [Q] Tor, pl. *andondi;* das Tengwa ᵽ (nd, d)

anesse [Q] gegebener (hinzugefügter) Name, pl. *anessi*

ang [S] Eisen → *anga*

anga [Q] Eisen; urelb. ANGA-: [Q] *angaina*, eisern; *angamaite*, eisenhändig; [S] *ang*, Eisen; *angren*, pl. *engrin*, eisern; *anga:* das Tengwa ᴄᴄᶴ (ng).

Angerthas [S] Langrunenschrift → *anda, cir-*

anglennatha [S] er wird sich nähern (andere Formen des Verbs – *anglenno?* – nicht bekannt)

ango [Q] Schlange, pl. *angui*

angol [S] Gestank

angren [S] eisern, pl. *engrin*, z. B. [S] *Ered Engrin*, Eisenberge; *Angrenost*, »eiserne Festung«; → *anga*

angulóce [Q] Schlangendrache, Lindwurm → *lóce*

angwedh [S] »Eisenband«, Kette → *anga, vere*

anim [S] für mich, mir

aníro [S] wünschen; *aníra*, er wünscht; → *íre*

anna [Q] Gabe, Geschenk; das Tengwa ⊂ᒷ (nn, j)
→ *anta-*

anno [S] geben, → verg. *onen*, ich gab (*onen i-estel*,
Hoffnung gab ich …) *anta-*

annon [S] Tor, pl. *ennyn* (*Sirannon*, »Torbach«)

annûn [S] Westen; *annui*, westlich, west- (*Mbair
Annui*, die Westlande) → *núme-*

Anor [S] die Sonne → *nár(e)*

anrand [S] Zeitalter, Zyklus

anta- [Q] geben, schenken; urelb. ANA-[1]:
[Q] *anna*, Gabe; *anta*, Gesicht; [S] *anno*, geben;
ant, Gabe; in Namen wie *Yavanna*, »Fruchtge-
berin«, oder *Annatar*, »Herr der Geschenke«.

anto [Q] Mund; auch das Tengwa ᖘ (nt)

anw [S] Mann, männliches Tier

anwa [Q] wahr, wirklich → *na-*

anwar [S] Ehrfurcht

apacen [Q] Voraussicht (*essi apacenye*, schicksalsvoraussagende Namen)

Apanónar [Q] die Nachgeborenen (Menschen)

aphad [S] folgen, hinter jemand her gehen

aphadon [S] Nachkömmling (Mensch)
pl. *ephedyn*, *aphadrim*

apsa [Q] Mahlzeit, Fleisch

aqa [Q] vollständig, ganz und gar → *qanta*

a(r) [Q, S] und

ar(a)- [Q, S] hoch, edel, königlich, z. B. [S] *Arnor*, Königsland

---

ar(a) [Q] außerhalb von, neben; urelb. AR-; auch als Präfix, im [Q] in rein räumlichem Sinn, z. B. *arvalin*, »außerhalb von Valinor; im [S] auch in verneinendem Sinn, z. B. *arnoediad*, ungezählt.

---

aran [S] König, pl. *erain* → *harya-*

arandil [Q, S] »Königsfreund«, Royalist

arandur [Q, S] »Königsdiener«, Minister, Rat

aras [S] Hirsch

Aratar [Q] die Erhabenen (die acht obersten Valar)

arca [Q] eng

arda [Q] Reich, Gebiet, Erde; das Tengwa y (rd); → *harya-*

ardh [S] Reich, Erde, Gebiet, z. B. *Arthedain*, Reich der Edain; → *harya-*

áre [Q] Tag, Sonnenlicht, pl. *ari*; urelb. AR-: [Q] *arin*, Morgen; *arinya*, morgens; *arië*, bei Tag; *ára*, Morgendämmerung; *arya*, zwölf Stunden (ein Tag); [S] *aur*, *(or-)*, Tag; *áre*: das Tengwa $\mathcal{E}$ (z).

---

argad [S] Platz außerhalb von ... → *ar(a)*

Argonath [S] »die zwei edlen Steinernen« (Standbilder) → *ondo*

arin [Q] der Morgen; *arinya*, morgens → *áre*

armar [Q] Güter → *harya-*

arnoediad [S] unzählig → *not-*

arphen [S] ein Edler, pl. *erphin* → *ar(a)*, *qén*

arqen [Q] ein Edler → *ar(a)*, *qén*

arta [Q] Burg, Festung → *harya-*

artano [Q] »hoher Schmied«, Meisterschmied → *harya-, tano*

artuile [Q] Tagesanbruch, früher Morgen → *áre, tuia-*

arwa [Q] besitzend; auch als Suffix, z. B. *aldarwa*, »Bäume habend«, bewaldet; → *harya-*

aryon [Q] Erbe, Prinz → *harya-*

asar [Q] Termin (für ein Fest)

asea [Q] Kraut (Heilpflanze)

asgar *(ascar)* [S] gewaltsam, heftig → *harwe* (1)

assa [Q] Öffnung, Loch

ast [S] Staub

asta [Q] Monat

asto [Q] Staub

-at [Q] Dualsuffix, z. B. *ciryat*, zwei Schiffe → *atta*

Atalante [Q] das »Versunkene« (Númenor); *atalantië*, das Fallen, Stürzen; → *lanta-, talta-*

atalantea [Q] eingestürzt, zertrümmert → *lanta-*

atalta- [Q] einstürzen → *talta-*

atan [Q] Mensch, pl. *atani*, »zweites Volk« → *atta*

ataqe [Q] Haus, Gebäude → *taca-*

atar [Q] Vater; urelb. ATA-: *atarinya*, mein Vater (Anrede); z. B. in *Ilúvatar*, »Vater des Alls«, *Atanatári*, »Väter der Menschen«; [S] *adar*; *In Adanath*, »Von den Vätern der Menschen« ([Q] *Atanatárion*).

ath- [S] beiderseits von (Präfix); → *atta*

-ath [S] Pluralsuffix für Gesamtheit einer Gruppe, z. B. *Periannath*, die Hobbits allgemein; oft auch Dual wie Q-*at*, z. B. *Argonath*, »die Gruppe der (zwei) edlen Steine«

athrabeth [S] Zwiegespräch, Dialog → *atta*, *qet-*

athrad [S] Furt, pl. *ethraid* (z. B. *Ethraid Engrin*, die Isenfurten); → *atta*, *râd*

ath-rado [S] überqueren → *atta*, *râd*

atland [S] abschüssig → *lanta-*, *talta-*

atlanno [S] abfallen → *lanta-*

atlant [S] schräg

atsa [Q] Fang, Haken, Klaue

atta [Q] zwei; urelb. AT(AT)-, wieder, zurück; [Q] *at(a)*, wieder-; *tatya-*, verdoppeln, wiederholen; *atwa*, doppelt; [S] *ad*, *tâd*, zwei; *ath-* (Präfix), »beiderseits von …« (z. B. *athrad*, Furt); *adu-* doppel-; *-ath*, Pluralsuffix (z. B. *giliath*, die Sterne allgemein).

attalya [Q] zweibeinig → *atta*

atwa [Q] doppelt → *atta*

au- [Q] fort-, ent-, ab- (Präfix) → *ava*

auciri [Q] abschneiden, unterbrechen, ein Teil entfernen; vgl. *hociri* → *cir-*

aule [Q] Erfindung; auch Eigenname des Vala *Aule*

aur [S] Sonnenlicht, Tag

aure [Q] Sonnenlicht, Tag (*utúlië'n aure*, der Tag ist gekommen); → *áre*

auresse [Q] »in der Morgenröte« (Lokativ von *aure*)

auta- [Q] ❶ fortgehen, vergehen, vorübergehen; *auta*, »er geht fort«; verg. 3. ps. sg. *vane, avanië* oder (arch.) *anwe*; part. perf.: *vanwa*, verschwunden, verschollen; verg. in dinglichem Sinne: *oänte, oäntië*, »er ging fort«; vgl. *vanya-*; ❷ erfinden, sich ausdenken, bewerkstelligen (z. B. *Aule*).

auth [S] Krieg → *ohta*

ava [Q] außen; urelb. AWA-: Verneinungs-Präfix; z. B. *avaqet-*, »nein sagen«, verbieten; *áva cáre!* tu's nicht! ([S] *avo garo!*); in Zusammensetzungen: [Q] *avanóte*, unzählig; *Avacúma*, die äußere Leere; *Avaro*, Verweigerer; [S] *avad*, Weigerung.

ava! *(avá!)* [Q] negativer Imperativ, z. B. *áva cáre!*
tu's nicht!; *ávan (van, vanye)*, ich tu's nicht;
avamme (vamme), wir tun's nicht.

avad [S] Weigerung, Widerstreben → *ava*

avahaira [Q] entlegen, fern → *ava, haira*

avaniër [Q] »sie sind fortgegangen« (sg. *avanië*)
→ *ava, vanya-*

avanyárima [Q] »nicht zu erzählen« → *ava, nyar-*

avaqet- [Q] »nein sagen«, verbieten → *ava, qet-*

avaqétima [Q] »nicht gesagt werden dürfend«,
unsäglich → *ava, qet-*

Avaro [Q] Verweigerer, pl. *Avari* → *ava*

avo [S] verneinendes Adverb vor Imperativ, z. B.
avo garo! tu's nicht!; *avon*, ich tu's nicht; *avam*,
wir tun's nicht; → *ava*

axan [Q] Gesetz, Regel

axo [Q] Knochen, pl. *axor*, Gebeine

B b

bach [S] Ware, Handelsartikel → *manca-*

bachor [S] Händler → *manca*

bâd [S] Weg, ausgetretener Pfad

badhor *(badhron)* [S] Richter

Balan [S] ein »Mächtiger«, pl. *Belein*; vgl. [Q] *Vala*;
→ *valya*

balc(h) [S] grausam, wild, roh; z. B. *Balchoth*, »wilde Horde«

balrog [S] »Quälgeist«, Dämon → *qalme*

banc [S] Handel → *manca-*

band *(bann)* [S] Kerker, Gefängnis (*Angband*, »Eisenkerker«)

banga [S] Handel treiben → *manca-*

bar [S] Wohnstatt, Haus → *a-mbar*

bara [S] hitzig, grimmig, eifrig

barad [S] ❶ Turm, Festung, pl. *beraid*; ❷ verdammt, verurteilt, vgl. *bartho*

barada [S] erhaben, hoch, vgl. *varda*

baran *(varan)* [S] braun (*Baranduin*, »Brauner Fluß«)

bartho [S] verhängen, verurteilen → *martya-*

basgorn [S] Brotlaib → *masta-, corna*

bast *(bass)* [S] Brot → *masta*

baudh [S] Urteil

baug [S] grausam, tyrannisch → *mauya-*

bauglir [S] Tyrann, Bedrücker → *mauya-*

bauglo [S] unterdrücken → *mauya-*

baul [S] Folter, Qual → *qalme*

baur [S] Not → *mauya-*

baw! [S] Nein! »Laß das!« vgl. *boda*

bein [S] schön

belda *(belt)* [S] stark, kräftig

beleg [S] groß, mächtig

Belegaer [S] das »große Meer«; [Q] *Alataire*

beleth [S] Verblassen, Schwund (*Narbeleth*, »Sonnenschwund«, Herbst)

bellas *(belle)* [S] Körperkraft

ben [S] ❶ jemand (meist in Zusammensetzungen, z. B. *rochben*, irgendein Reiter; → *qén*; ❷ gemäß, zufolge

benn [S] (Ehe-)Mann (gewöhnlich für *dîr*) → *vesta-*

bennas [S] Winkel, Ecke (von innen)

beren [S] kühn → *verya-*

bereth [S] Königin

berio [S] schützen

bertho [S] wagen → *verya-*

bess [S] Frau, Gattin → *vesta-*

beth *(peth)* [S] Wort → *qet-*

bior *(beor)* [S] Gefolgsmann, Vasall

blebi *(blâb)* [S] flattern

boda [S] verbannen, verbieten vgl. *baw!*

bôr [S] treu, standhaft; pl. *byr*; → *voro*

born [S] heiß, rot, z. B. *Bor(n)gil*, ein roter Stern

both [S] Pfuhl, Pfütze

brass [S] Hitze

brassen [S] weißglühend

breged [S] Gewalt

bregol [S] grimmig, jäh

breth(il) [S] Buche

bril [S] Kristall → *míre*

brith [S] Kies

brôg [S] Bär, vgl. *morco*

bronadui [S] dauerhaft, haltbar → *voro*

bronio [S] dauern → *voro*

bruin [S] laut

brûn [S] alt, bewährt → *voro*

buio [S] dienen, die Treue halten

bund (*bunn*) [S] Schnauze, Nase, Kap → *mundo*

C$_c$ (K)

cabed [S] Sprung

cabr (*cabor*) [S] Frosch

cacainen [Q] »sie lagen lange« → *caita-*

cadw (*gadu*) [S] geformt; cadwar (*cadwor*), wohlgeformt → *canta-*

cael [S] Bettlägerigkeit, Krankheit → *caita-*

caeleb [S] bettlägerig, krank → *caita-*

caer [S] zehn, vgl. *cainen*

caew [S] Lager, Ruhestatt → *caita-*

caila [Q] Bettlägerigkeit, Krankheit → *caita-*

caima [Q] Bett → *caita-*

caimasan [Q] Schlafzimmer, pl. *caimasambi*, → *caita-*, *sambe*

caimasse [Q] Krankheit; *caimassea*, krank → *caita-*

cainen [Q] zehn, vgl. *caer*

cair *(ceir)* [S] Schiff → *cir-*

---

caita- [Q] liegen; urelb. KAY-: [Q] *caima*, Bett; *caila*, Bettlägerigkeit; *caimasse*, Krankheit; *caimassea*, krank; [S] *caew*, Ruhestatt; *cael* Bettlägerigkeit, Krankheit.

---

cala [Q] Licht; urelb. KAL-: [Q] *calma*, Lampe; *calta-*, scheinen, leuchten; *calya-*, erhellen; *calina*, hell; *callo*, Held; *yucale*, Dämmerlicht; [S] *calad*, Licht; *gail*, helles Licht; *glor*, Glanz; *calen*, hellfarbig, grün; *callon*, Held; *uial*, Dämmerung; *aglar*, Ruhm; → *alca-*.

---

calad [S] Licht → *cala*

Calaqendi [Q] Lichtelben; vgl. *Moriqendi*; → *cala*, *qende*

calen *(galen)* [S] hellfarbig, grün, pl. *celin*; z. B. *Calenardhon,* die »grüne Region«; → *cala*

calf [S] Wassergefäß

calina [Q] glänzend, hell → *cala*

callo [Q] edler Mann, Held → *cala*

callon [S] Held → *cala*

calma [Q] Lampe; das Tengwa ᴄ (k); → *cala*

calpa [Q] Wassergefäß; *calpa-* Wasser schöpfen

calta- [Q] leuchten, scheinen; → *cala*

calya- [Q] beleuchten, erhellen; Konjunktiv: *Anar caluva*, die Sonne möge scheinen; → *cala*

cam(b) [S] Hand

cambe [Q] (hohle) Hand

camlost [S] leerhändig

camland [S] Innenhand, die Handvoll

canad [S] vier

canath [S] Silbermünze, »Viertel« eines *mirian*

cáne [Q] Kühnheit

cann [S] kühn; als Suffix *-gon* in Namen, z. B. *Fingon*, *Turgon*

cáno [Q] Herr, Befehlshaber

cant [S] Form, Umriß → *canta*

canta *(can-)* [Q] vier

canta- [Q] formen, bilden; von urelb. KAT-, Form: [Q] *canta*, geformt, auch als Suffix, z. B. *lassecanta*, blattförmig; [S] *cant*, Umriß, *cadw*, geformt; *echedi*, formen, bilden.

canya [Q] kühn

car [Q] Bauwerk, Haus → *carië*

cár- [Q] ❶ schaffen → *carië*; ❷ Kopf

carach [S] Rachen, Schlund → *carca*

carag [S] Stachel, Felszacken → *carca*

caran [S] rot

caras [S] Stadt (aus oberirdischen Bauten) → *carië*

caraxe [Q] gezackter Felskamm → *carca*

carca [Q] Zahn; urelb. KARAK-, Hauer, Stachel, Zahn: [Q] *carcane*, Zahnreihe; *caraxe*, Felszackenkamm; [S] *carag*, Stachel, Felszacken; *carch*, Zahn, Hauer; *carach*, Rachen; z. B. [Q] *Helcaraxe*; [S] *Carach Angren*, Carchost, Carcharoth.

carch [S] Zahn, Hauer → *carca*
car(dh) [S] Haus → *carië*

cárië [Q] Schaffen, Schöpfung; urelb. KAR-, machen, tun; [Q] *cár-*, schaffen (*cárin*, ich schaffe; *cárir*, sie schaffen; *cáre*, er schuf; *cáriër*, sie schufen); *car*, Bauwerk, Haus; *carme*, Kunst; *tyaro*, Täter, Schöpfer; [S] *caras* (oberirdische) Stadt.

carme [Q] Kunst → *cárië*
carne [Q] rot; *carnemírië*, »mit roten Edelsteinen geschmückt« → *míre*
casar [Q] Zwerg, pl. *casari* (Nachbildung von zwergisch *khazâd*)
casarrondo [Q] »Zwergenhöhle« ([S] *Hadhodrond*, *Moria*)
cassa [Q] Helm
caun [S] leer → *cúma*
caw [S] oben, Oberteil
ceber [S] verlassen, pl. *cebir*

cef [S] Boden, Erdreich, pl. *ceif* → *cemen*

celbin [S] (sg. *calben*), etwa: »Lichtfreunde« (entspricht [Q] *calaqendi*, aber nicht nur Elben, sondern alle Feinde Morgoths bezeichnend) → *cala*

celeb [S] Silber → *telpe*

celebren [S] silbern → *telpe*

celeg [S] rasch, flink

celeir [S] Lampe, pl. *celer* → *cala*

celerdain [S] Lampenmacher, pl. (sg. *celerdan*)

celma [Q] Kanal

celon [S] Fluß (auch Flußname)

celume [Q] Bach, Wasserlauf

celusse [Q] Wasserschwall, Sturzbach

celva [Q] Tier, pl. *celvar*

---

cemen (*cén*) [Q] Erdreich, Boden; urelb. KEM-: [Q] *cemina*, irden; *cemnaro*, Töpfer; [S] *coe*, Erdboden; *cef*, Boden, *cevn*, Töpfer; z. B. *Cementári*, »Erdkönigin« (ein Beiname Yavannas).

---

cemina [Q] irden, tönern → *cemen*

cemnaro [Q] Töpfer → *cemen*

cen- [Q] sehen, erblicken; Fut. *cenuva*, er wird sehen

cenedhril [S] Spiegel (*Nen Cenedhril*, Spiegelsee)

cennan [S] Töpfer → *cemen*, *tano*

centa (*cenye*) [Q] Kenntnis, Kunde

centano [Q] Töpfer → *cemen, tano*

cerch [S] Sichel → *cir-*

ceredir [S] (erwachsener) Mann, Macher, Erzeuger

cerin runde Einfriedung, Hügel → *corna*

Cermië [Q] 7. Monat des númenórisch-elbischen Kalenders, vgl. [S] *Cerveth*

certa [Q] Rune, Ritzzeichen, pl. *certar* → *cir-*

certh [S] Rune, Ritzzeichen, pl. *cirth* → *cir-*

Cerveth [S] 7. Monat des númenórisch-elbischen Kalenders, vgl. [Q] *Cermië*

cevn [S] irden, tönern → *cemen*

chebin [S] »ich behielt«

chíl [S] Erbe, Nachfolger

chwand *(chwann, hwand)* [S] Schwamm, Pilz

chwest [S] Hauch, Lüftchen

chwîn [S] Schwindel, Schwäche → *hwinya-*

chwind *(chwinn)* [S] schwindlig, schwach → *hwinya-*

chwinio [S] strudeln, kreiseln → *hwinya-*

chwiniol [S] schwindlig machend, phantastisch → *hwinya-*

cilme [Q] Wahl

cir- [Q] schneiden, spalten; urelb. KIR-: [Q] *cirya*, (scharfbugiges) Schiff; *ciryatan*, Schiffbauer; *ciryamo*, Seefahrer; *cirisse*, Schnitt, Wunde; *circa*, Sichel; *certa*, Rune; [S] *cair*, Schiff;

> *círdan*, Schiffbauer; *certh*, Rune; *criss*,
> Schnitt, Wunde; *crist*, »Spalter« (Schwert);
> *cirith*, Gebirgspaß.

cirban [S] Hafen → *cir-*

circa [Q] Sichel → *cir-*

círdan [S] Schiffbauer → *cir-*

cirith [S] Gebirgspaß, Spalte → *cir-*

cirisse [Q] Schnitt, Wunde → *cir-*

cirya [Q] (scharfbugiges) Schiff → *cir-*

ciryamo [Q] Seefahrer → *cir-*

ciryaqen [Q] Seemann, Matrose → *cir-*, *qén*

ciryatan [Q] Schiffbauer → *cir-*, *tano*

coacalina [Q] »Licht des Hauses«, innewohnender Geist, Seele → *cala*

coe [S] Erdboden (nicht deklinierbar) → *cemen*

cofn [S] die Leere → *cúma*

coimas [Q] »Lebensbrot«, vgl. [S] *lembas* → *cuile*

coire [Q] »Regung«, Vorfrühling (Jahresende nach dem Kalender von Bruchtal)

col- [Q] tragen

colindo [Q] Träger, Inhaber, Überbringer

coll [S] rot → *cullo*

collo *(colla)* [Q] Mantel

condir [S] Bürgermeister *(condir i Drann*, Bürgermeister des Auenlandes)

cor [S] Kreis, Runde, Ring → *corna*

coranar [Q] Sonnenjahr → *corna, nár(e)*

corch [S] Krähe, pl. *cyrch*, s. auch *craban*

corco [Q] Krähe

corin [Q] runde Einfriedung → *corna*

corma [Q] Ring → *corna*

cormacolindo [Q] Ringträger → *corna*

Cormare [Q] »Ringtag« (an dem die Vernichtung des Einen Rings gefeiert wird)

corn [S] rund → *corna*

> **corna** [Q] rund; urelb. KOR-: [Q] *coron*, Kugel, Ball; *coromindo*, Kuppeldach; *corma*, Ring; *corin*, (runde) Einfriedung; *coranar*, Sonnenjahr; [S] *cor*, Runde; *corn*, rund; *cerin*, (runde) Einfriedung; *rhin-gorn*, Kreis.

coromindo(n) [Q] Kuppeldach → *corna*

coron [Q] Kugel, Ball, Hügel → *corna*

corw [S] listig, schlau → *curwe*

cost [S] streiten, kämpfen → *ohta*

costa- [Q] streiten, kämpfen → *ohta*

coth [S] Feind, Feindschaft → *ohta*

cotumo [Q] Feind → *ohta*

cotya [Q] feindlich → *ohta*

craban [S] Krähe, pl. crebain (s. auch *corch*)

cram(b) [S] Zwieback, Wegzehrung

crann [S] rötlich, gerötet (im Gesicht)

criss [S] Schnitt, Wunde → *cir-*

crist [S] »Spalter«, Schwert → *cir-*

crom [S] links

crum [S] linke Hand

crumai [S] linkshändig

cu *(cua)* [Q] Taube

cú [Q] Bogen (Schußwaffe)

cugu [S] Taube

cuil [S] Leben → *cuile*

> **cuile** [Q] Leben, lebendig sein; urelb. KUY-:
> [Q] *eccoita-*, wecken; *cuina*, lebendig; *cuive*,
> das Erwachen; *cuivea*, erwachend (adv.);
> [S] *cuil*, Leben; *cuin*, lebendig; *echui(w)*, erwa-
> chend; *cuino*, lebendig sein; in Namen z. B.
> [Q] *Cuiviénen*, [S] *Nen Echui*, »Wasser des
> Erwachens«.

cuin [S] lebendig → *cuile*

cuina [Q] lebendig → *cuile*

cuino *(guino)* [S] lebendig sein; *cuio!* (Imperativ)
  »sie sollen leben!« → *cuile*

cuive *(cuivië)* [Q] das Erwachen → *cuile*

cuivea [Q] erwachend (adv.) → *cuile*

culda *(culina)* [Q] feuerrot, rotgolden → *cullo*

cull [S] rot → *cullo*

cullo [Q] goldrot; urelb. KUL-: [Q] *culda*, feuerrot, rotgolden; *culuina*, orange; *culuma*, die Orange; [S] *cull*, rot.

culuina [Q] orangerot → *cullo*
culuma [Q] die Orange

cúma [Q] die Leere; urelb. KUM-, leer; [Q] *cumna*, leer; [S] *cofn*, Leere; *caun*, leer; z. B. *Avacúma*, die »äußere Leere«, der Weltraum.

cumna [Q] leer → *cúma*
cum(b) [S] Hügel, Haufen
cumbe [Q] Hügel, Haufen
cûn [S] gebogen, krumm
cúna [Q] krumm, gebogen; *cúna-* sich krümmen
cundu [Q] Fürst
cunn [S] Fürst, Heerführer, pl. *conin* (z. B. *conin en annûn*, die »Heerführer des Westens«)
cúran [S] zunehmender Mond, Mondsichel → *ranya-*
curu *(curw)* [S] Geschicklichkeit, Fertigkeit, Handwerk → *curwe*

curwe [Q] Fertigkeit, Handwerk; urelb. KUR-: [S] *curw*, *curu*, Geschicklichkeit; *corw*, listig; in Namen z. B. *Curunír*, *Curufin*.

cyerme [Q] Gebet

D d

dacil [Q, S] Sieger → *degi*

dadbenn [S] bergab → *pende*

dae [S] Schatten → *leo*

daedelu [S] Baldachin → *leo, telta-*

daen [S] Leiche → *degi*

daer [S] groß

dâf [S] Erlaubnis

dagnir [S] Töter, Besieger → *degi*

dagor *(dagr)* [S] Schlacht; *dagorlad*, Schlachtfeld
→ *degi*

dagro [S] Krieg führen, eine Schlacht schlagen
→ *degi*

dair [S] Baumschatten → *leo*

daith *(teith)* [S] Strichzeichen → *tengwe*

dal *(tâl)* [S] Fuß → *tál*

dalath [S] Fläche, Ebene

dalraph [S] Steigbügel

dalw [S] flach

dam [S] Hammer

damna- [S] hämmern; 1. Person verg. *dammint*

dan [S] Macher, Erbauer, pl. *dain*; oft als Suffix,
z. B. *Círdan*, Schiffbauer → *tano*

dân [S] Rücken, Rückseite, pl. *dein* → *ná*

dant [S] fallen, *dannen*, gefallen

danwedh [S] Lösegeld

daro! [S] halt! Imperativ von *deri*

dartha [S] bleiben, warten, ausharren

daug [S] (Ork-)Soldat (oft als -*dog* am Namen eines Ork-Führers, z. B. *Boldog*)

daur [S] Wegstunde, vgl. [Q] *lár*

daw [S] Nachtzeit, Düsternis → *ló*

degi [S] töten, erschlagen; urelb. NDAK-: [S] *ndangen, dangen,* der Getötete, Gefallene; [Q, S] *dacil,* Sieger; [S] *daen,* Leiche; *dagor,* Schlacht; *dagro,* kämpfen; *daug,* Orksoldat; z. B. *Haudh-en-Ndengin,* »Hügel der Gefallenen«.

del *(delos, deloth)* [S] Grauen, Schrecken, Abscheu → *yelma*

deleb [S] abscheulich → *yelma*

delw [S] verhaßt, tödlich, grausam → *yelma*

dem [S] traurig, düster

déníë [Q] Klagelied → *naina-*

dér [Q] Mann (verstärkend zu *nér*)

deri [S] halten, warten; *daro!* halt!

dess *(bess)* [S] Weib, Frau; → *vesta-*

di [S] unter, in (*di'nguruthos,* »in Todesangst«)

dî [S] Frau (arch., gewöhnlich *bess, dess, dineth*) → *nis*

-dil [S] Spitze, Horn, Zacken (Suffix von Bergnamen, z. B. *Celebdil,* »Silberzinne«) → *tilde*

dîl [S] Stöpsel

dilio [S] verstopfen

dim [S] Düsternis, Trübsinn

dîn [S] sein, seines, seine (sg. und pl.) auch *în*, z. B. *mhellyn în phain*, alle seine Freunde

dínen *(dîn)* [S] still

dineth [S] Braut (zugleich ein Beiname der Göttin [Q] *Nessa → nis, nessa*

-dîr [S] -macher, -schöpfer, vgl. *dan*

dírnaith [S] Schlachtkeil (Kampfformation)

dirnen [S] bewacht → *tir-*

doelio *(delio, doltha)* [S] verbergen; verg. *dault*; part. *dolen*, verborgen, geheim

doer [S] Bräutigam

dolen [S] verborgen, geheim (part. von *doelio*)

doll [S] dunkel, dämmerig

dôl *(dolt)* [S] Hügelkuppe, Buckel, pl. *dylt*

dor [S] Land, Siedlungsgebiet → *nóre*

dorn [S] zäh, stur (*Dornhoth*, die Zwerge)

doron *(dorn)* [S] Eiche, pl. *deren*

dortho- [S] wohnen, siedeln, bleiben → *nóre*

drafn [S] behauener Baumstamm → *dravo*

dramb *(dramm)* [S] (heftiger) Schlag, Axthieb → *dravo*

drambor [S] Faust, Fausthieb → *dravo*

Drann [S] das Auenland; *drannail*, auenländisch

draug *(drôg)* [S] Wolf

> **dravo** [S] schlagen, hauen, verg. *drammen;*
> urelb. DARÁM-: [S] *drafn,* behauener Stamm;
> *gondram,* behauener Stein; *drambor,* Faust.

D

dringo [S] schlagen (mit dem Schwert), fechten

drû(g) *(drúadan)* [S] Waldmensch, Drû (Lehnwort aus der Drughu-Sprache) pl. *drúath, druin, drúedain*

dû [S] Nachteinbruch, Verfinsterung → *ló*

dúath *(dúwath)* [S] Nachtschatten, Dunkelheit → *ló*

duin [S] (langer) Fluß

dúlind *(dúlinn)* [S] Nachtigall → *ló, linde*

dûm [S] Dämmerlicht → *ló*

dûn [S] Westen → *núme-*

dúnadan [S] »Westmensch« (Numenórer), pl. *dúnedain* → *núme-*

dúnedhel [S] »Westelb« (Elb aus dem Westen von Mittelerde), pl. *dúnedhil*

dûr [S] dunkel → *ló*

durion *(duredhel)* [S] Dunkelelb → *ló*

dú(w)ath [S] Nachtschatten → *ló*

E e

e [S] er

ea- [Q] sein, »ist« (für fortwährendes Sein, sonst *na-*)

eala [Q] Wesen, (körperloser) Geist; pl. *ealar*

> **ear** *(aire)* [Q] Meer; urelb. GAYAR-: [Q] *Alataire*,
> »das große Meer«, [S] *Belegaer*; [S] *aear*, Meer;
> z. B. [Q] *Earendil*, »Meeresfreund«;
> [S] *Aerandir*, »Meereswanderer«.

Earenya [Q] »Meerestag« (6. Tag der númenórisch-
  elbischen Woche); [S] *Oraearon*; → *ear*

earuile [Q] Seetang → *ear*

eccaira [Q] entlegen, fern, vgl. *haira*

ecet [S] kurzes, zweischneidiges Breitschwert

> **ecco** *(ehte)* [Q] Speer; urelb. EK-, EKTI-:
> [Q] *ehtyar*, Speerkämpfer; [S] *aith*, Speerspitze;
> *êg*, Dorn; *ech*, Speer.

eccoita- [Q] wecken → *cuile*

ech [S] Speer → *ecco*

echad [S] Lager

echedi [S] ich forme, baue; verg. *echant*; → *canta-*

echor [S] ringsum, umgebend → *et-, corna*

echuir [S] »Regung«, Vorfrühling, vgl. [Q] *coire*

echui(w) [S] erwachend → *cuile*

ed- *(es-, eth-, ef-)* [S] aus-, hinaus- (Präfix) → *et-*

Edegil [S] »Siebengestirn«, Großer Bär

eden [S] neu

edhel *(eledh)* [S] Elb, pl. *edhil, eldrim, eledhrim*;
m. *ellon*, f. *elleth*; → *elen*

edinar [S] Jahrestag → *yén*

ed-onna [S] zeugen → *onta-*

edregol [S] besonders, vor allem

edro! [S] öffne! (*edro hi ammen*, öffne jetzt für uns)
→ *et-*

edwen [S] zweite (-r, -s)

êg [S] Dorn → *ecco*

Eglan [S] ein Verlassener, pl. *Eglain, Egladhrim*
(Selbstbezeichnung der in Beleriand zurückge-
bliebenen Teleri) → *hehta-*

egledhi *(eglehio)* [S] fortgehen, auswandern, ins
Exil gehen → *linna-*

egledhron [S] Exilant → *linna-*

eglenn [S] exiliert, ausgewandert, verbannt (part.
von *egledhi*) → *linna-*

eglerio! [S] rühmet (sie)!

ego! [S] »verschwinde!« → *hehta-*

egor [S] oder

egthel *(ecthel)* [S] Speerspitze → *ecco*

ehte [Q] vgl. *ecco*

ehtele [Q] Quelle; von urelb. laufen, fließen:
[Q] *celume*, Bach, Strömung; *celma*, Rinne,

Kanal; [S] *eithel*, oder *celw*, Quelle; *celon*,
Fluss.

ehtyar [Q] Speerkämpfer → *ecco*

eilian(w) [S] »Himmelsbrücke«, Regenbogen
→ *helle, yanta*

eiriën [S] Margerite

eitha- [S] beschimpfen, verächtlich behandeln
→ *hehta-*

eithad [S] Beleidigung, Beschimpfung → *hehta-*

eithel [S] Quelle → *ehtele*

él [Q] Stern, pl. *éli* (poet.); → *elen*

êl [S] Stern, pl. *elin, elenath* → *elen*

ela! [Q] sieh da! → *elen*

elda [Q] gestirnt, Sternen- → *elen*

Eldalië [Q] das Elbentum, die Elben allgemein;
eldaiva, elbisch; *eldaliéva*, die Elben betreffend
→ *elen*

Eldar [Q] Elben, »Sternvolk«, sg. *Elda; Eldarin*,
Elbisch (Sprache) → *elen*

eledh *(edhel)* [S] Elb, pl. *Elidh*, auch *El(d)rim, Elin*;
Kollektivpl. (alle Elben): *Eledhrim*; → *elen*

elen [Q] Stern, pl. *eleni*, poet.: *él*; urelb. EL-:
[Q] *ela!* sieh da!; *elda*, gestirnt; *Eldar*, »Sternvolk«; *elvea*, sternengleich; *elerína*, sterngekrönt; [S] *êl*, Stern; *elo!* sieh da!; *ellon*, Elb,

elleth, Elbin; *eledh, edhel*, Elb; in Namen: z. B.
[S] *Elrond*, »Sternendach«; *Elbereth*, »Sternen-
königin« ([Q] *Elentári*); *Elfaron*, »Sternenjäger« (Mond).

Elenarda [Q] »Sternenreich«, der obere Himmel
→ *elen, harya-*

Elenna-nóre [Q] »Sternwärts-Land« (Númenor)
→ *elen, nóre*

Elenya [Q] »Sterntag« (1. Tag der númenórisch-
elbischen Woche), vgl. [S] *Orgilion* → *elen*

Elfaron [S] »Sternenjäger« (Mond) → *elen, faróbe*

elle [Q] ihr; als Pronominalsuffix -*lle*

elleth [S] Elbin → *elen*

ellon [S] Elb (m) → *elen*

elme *(elve)* [Q] wir; als Pronominalsuffix -*lme, -lve*

elo! [S] sieh da! (Ausruf des Entzückens) → *elen*

elvea [Q] sternengleich, pl. *elvië* → *elen*

elye [Q] du (thou), respektvolle Anrede, als Suffix
-*lye*

em(m)elin *(emlin)* [S] Goldammer → *malina*

en [S] von (engl. of), den Genitiv anzeigende Präposition (z. B. *Cabed-en-Aras*, »Sprung des Hir-
sches«)

en [Q] dort, sieh dort! dereinst; *enta* (adj.) dortig,
einstig

en- [Q] Präfix: wieder, von neuem

ende [Q] Mitte, urelb. (ÉNED-, NÉD-: [Q] *endya*, mittel-; *enderi*, Mitteltage (im Kalender von Bruchtal); *Endiën* (Woche zwischen 6. und 7. Monat); *Endóre*, Mittelerde; [S] *ened(h)*, Mitte; *Ennor*, Mittelerde; *Enedwaith*, »Mittelvolk«.

enderi [Q] Mitteltage (im Kalender von Bruchtal für das Schaltjahr) → *ende*

Endiën [Q] Mittjahr (Woche zwischen 6. und 7. Monat); → *ende*

endo [S] Enkel, Nachkomme; vgl. *indyo*

Endóre [Q] Mittelerde, → *ende, nóre*

endya *(enya)* [Q] mittel- (adj.) → *ende*

ened(h) [S] mittel- (adj. oder Präfix) → *ende*

eneg [S] sechs, vgl. [Q] *enqe*

engwa [Q] krank, gebrechlich

ennas [S] dort

ennin [S] (valinórisches) Jahr → *yén*

Ennor [S] Mittelerde; *ennorath*, die Mittellande; → *ende, -ath*

enqanta- [Q] nachfüllen → *qanta*

enqe [Q] sechs

enqië [Q] (Sechstage-)Woche

ente [Q] sie (pl.); als Pronominalsuffix -*nte*

entu [Q] wieder (oft als Präfix)

entulesse [Q] Wiederkehr

envinya- [Q] wiederherstellen, erneuern (z. B. *Envinyatar*, »Erneuerer«, Aragorn)

enwina [Q] alt

enya *(-nya)* [Q] mein

enyalië [Q] Erinnerung; *enyaliën* (Dativ), im Gedenken an …

epesse [Q] zusätzlicher, spät von der Mutter verliehener Name; → *esse*

ephel [S] Wall, Zaun, Einfriedung → *peler*

eqes [Q] »sagte er (jemand)«; *eqen,* »sagte ich«; substantivisch: Ausspruch, Diktum, Zitat (*I Eqessi Rúmílo,* Rúmils Aussprüche) → *qet-*

er [Q] eins, eines, allein; urelb. ERE-, allein, verlassen sein: [Q] *erya,* einzeln, alleinig; *eresse,* Einsamkeit; *eressea,* einsam; *erume,* öd, wüst; [S] *eriol,* alleinig; *ereb,* einsam; *eru,* öd, wüst; in Namen: [Q] *Eru,* der Eine; *Tol Eressea,* die einsame Insel; [S] *Erebor,* der vereinzelte Berg.

erca [Q] Stachel, Dorn; von urelb. ERÉK-: [Q] *erca-,* stechen; *ercasse,* Stechpalme; [S] *erch,* Stachel; *erco,* stechen; *ereg,* Stechpalme; *Eregion,* »Stechpalmenland«.

ercasse [Q] Stechpalme → *erca*

erch [S] Stachel, Dorn → *erca*

erchamion [S] einhändig

erco *(ercho)* [S] stechen → *erca*

erde [Q] Keim, Kern, Einzigartigkeit, Individualität; vgl. [S] *eredh*

ereb [S] vereinzelt, abgelegen, einsam → *er*

eredh *(erdh)* [S] Keim, Kern, Individualität;
vgl. [Q] *erde*

ereg [S] Stechpalme, pl. *erig*; auch *eregdos* → *erca*

eresse [Q] Einsamkeit; *eressea*, einsam, entlegen;
→ *er*

erin [S] an (zeitlich: *erin Gwirith edwen*, am
2. April)

erio [S] steigen, aufgehen, verg. *oronte*; → *óre*

eriol [S] allein(ig) → *er*

ernil [S] Fürst, Prinz

erma *(orma)* [Q] Stoff, Materie, Körper

Eruhíni [Q] Kinder Erus (Elben und Menschen,
sg. *Eruhin*)

eru [S] öd, verlassen → *er*

Eru [Q] »der Eine« → *er*; danach drei númenórische
Feste: *Erucyerme* (Gebet für das kommende
Jahr), *Erulaitale* (Lobgebet für Eru), *Eruhantale*
(Danksagung).

erume [Q] öd, verlassen → *er*

eryn [S] Wald

esce [Q] Rascheln (von Laub oder Schilf)

esg [S] Schilf, Rascheln, vgl. *esce*

esgal [S] Schilffeld, Versteck

esgeri [S] herumschneiden, amputieren; 3. ps. sg. *osgar*

esse [Q] Name, vgl. *anesse*, *amilesse*, *epesse*; von urelb. ES-: [Q] *esta-*; nennen; *essecarme*, Namensfindung; *essecilme*, Namenswahl; *essecenta*, Namenkunde; die Tengwar ε, $\mathfrak{z}$ (beide ss).

este [Q] Ruhe, Rast
estel [S] Hoffnung, Vertrauen

et- [Q] hinaus-, fort; von urelb. ET-: [Q] *etsir*, Ausfluß, Flußmündung; [S] *ed-* hinaus-; *echor*, ringsum; *ethir*, Flußmündung; *ette*, draußen; *ettele*, äußere Lande.

ethir [S] ❶ Flußmündung, Delta → *et-*, *sir-*;
  ❷ Ausguck *(Amon Ethir)* → *et-*, *tir-* (!)
ethuil [S] Frühling, vgl. [Q] *tuile* → *tuia-*
etsir [Q] Flußmündung → *et-*, *sir-*
ette [S] draußen → *et-*
ettele [S] äußere Lande → *et-*
Etyangoldi [Q] die Noldor im Exil → *et-*, *ngóle*
ezel *(ezella)* [Q] grün

F f (PH)

fael [S] edel-, hochgesinnt → *faina-*

fae(r) [S] Geist, Seele (eines leiblichen Wesens),
vgl. [Q] *fea* → *faina-*

faica [Q] gemein, verächtlich

faila [Q] hoch-, edelgesinnt → *faina-*

fain *(phain)* [S] sämtlich, insgesamt

> **faina-** [Q] leuchten, strahlen; urelb. PHAY-: [Q] *fea*
> Geist, Seele; *faire*, Strahlung; [S] *fae(r)*, Geist;
> *foen*, leuchtend weiß; in Namen: [Q] *Feanor*,
> »Feuergeist«; *Feanturi*, »Herren der Geister«.

faire [Q] ❶ Geist (allgemein), Phantom, Strahlung
→ *faina-*; ❷ das Sterben (eines natürlichen
Todes) → *firin*

Falanyel [Q] »Strandbewohner«, pl. *Falanyeldi*
(ein Name für die Teleri, vgl. auch *Falmarindi*;
→ *falle*

falas [S] Strand, Ufer, Küste (gewöhnlich für die
Westküste von Beleriand), pl. *feles* → *falle*

falasse [Q] Strand, Ufer, Küste → *falle*

falasta- [Q] schäumen; *falastala*, schäumend
→ *falle*

Falathren [S] »Küstensprache«, Westron,
vgl. *Adúnar*, *soval phare*

falf [S] Schaum, Brandung → *falle*

falle [Q] Schaum; urelb. PHAL-, PHÁLAS:
[Q] *falma*, Welle; *falasse*, Strand; *falmarin*,
Seegeist; [S] *falf*, Schaum, Brandung; *faltho*,
schäumen; *falas*, Strand; *Falathren*, »Küstensprache«, Westron.

falma [Q] (schaumgekrönte) Welle → *falle*

F

falmarin [Q] Seegeist, Nymphe (dann
pl. *falmarini*) oder Strandbewohner, Teler (dann
pl. *Falmarindi*) → *falle*

faltho [S] schäumen → *falle*

fân *(fan-)* [S] (weiße) Wolke → *fanya*

fána [Q] weiß, wolkig; substantivisch: (göttliche)
Erscheinung, Gestalt; → *fanya*

fang [S] Bart, pl. *feng* → *fanga*

fanga [Q] Bart; von urelb. SPANAG-: [S] *fang*,
pl. *feng*; in Namen: *Fangorn*, Baumbart;
Enfeng, die Langbärte (Zwerge).

Fanuilos [S] »ewig Wolken- und Schneeweiße«
(Varda) → *fanya, ia, olosse*

fanya [Q] Wolke; von urelb. SPAN-, weiß:
[Q] *fána*, wolkig, weiß; [S] *faun*, Wolke; *fein*,
weiß; in Namen: [Q] *Fanyamar*, »Wolken-
heim« (die obere Luftschicht); [S] *Fanuidhol*,
Wolkenkopf.

far [S] genug; adv. *farn* → *farya-*
faras [S] Jagd, das Jagen → *faróbe*
farasse [Q] Jagd, das Jagen → *faróbe*
fáre [Q] Fülle, Genüge; *fárea*, genug
faro [S] jagen → *faróbe*

> **faróbe** [Q] Jagd; urelb. SPAR-, jagen, verfolgen:
> [Q] *farasse*, das Jagen; [S] *faras*, Jagd; *faro*,
> jagen; *feredir*, Jäger; in Namen: [S] *Taur-en-*
> *faroth*, »Wald der Jäger«; *Elfaron*, »Sternenjä-*
> ger« (Mond).

faron [S] Jäger, pl. *faroth* (vgl. auch *feredir*)
    → *faróbe*

> **farya-** [Q] ausreichen, genügen; 3. ps. verg.
> sg. *farne*; urelb. PHAR-: [Q] *fáre*, Genüge, Fül-
> le; *fárea*, genug; [S] *far(n)*, genug.

fasse [Q] ungepflegtes, struppiges Haar
fast [S] ungepflegtes, struppiges Haar
fasta- [Q] verfilzen
fauca [Q] offenen Mundes, durstig
faug [S] durstig
faun [S] Wolke → *fanya*
fea [Q] Geist, Seele, Funke → *faina-*
fealóce [Q] Funkendrache → *fea, lóce*
fein [S] weiß → *fanya-*

feir [S] sterblich, todgeweiht, pl. *fîr*, *firn*; m. *firion*,
f. *firiëth*; Kollektivplural *firiath* oder *firimar* (die
Menschen) → *firin*

fela [S] Höhle, pl. *fili*

felya [Q] Höhle

fend *(fennas)* [S] Tür, Schwelle

fenda [Q] Schwelle

fêr [S] Buche, pl. *ferin* (gewöhnlich: *brethil*)
→ *feren*

feredir [S] Jäger, pl. *faroth* oder *faradrim* → *faróbe*

feren *(ferne)* [Q] Buche, pl. *ferni*; urelb. PHER-,
PHEREN-: *ferinya*, von Buchenholz; *ferna*,
Buchecker; [S] *fêr*

ferinya [Q] buchen- (adj.), von Buchenholz → *feren*

fern [S] Tod (von Sterblichen), pl. *firn*; → *firin*

ferna [Q] Buchecker → *feren*

feuya- [Q] verabscheuen

fileg *(filigod)* [S] kleiner Vogel, pl. *filig*

filit [Q] kleiner Vogel, pl. *filici*

fim [S] schlank

finde [Q] Zopf, Strähne, Flechte; urelb. SPIN-:
[Q] *fine*, Lärche; [S] *findel*, (geflochtenes) Haar;
spine, Lärche; in Namen: *Glorfindel*, »Gold-
schopf«.

findel *(finnel)* [S] (geflochtenes) Haar

fine [Q] Lärche → *finde*

finya [Q] Gewandtheit, Geschicklichkeit

fíre [Q] seufzen, das Leben aushauchen; *firië* (3. ps. sg. perf.) »er hat ausgehaucht«; → *firin*

fireb [S] sterblich, pl. *firib, firebrim*; vgl. auch *feir*; → *firin*

firen [S] menschlich → *firin*

fírima [Q] sterblich; *Firimar*, die Sterblichen (Menschen); → *firin*

firin [Q] tot (aus natürlicher Ursache); urelb. PHIR-: *fírima*, sterblich; *firya*, menschlich; *faire*, (natürliches) Sterben; *ilfirin*, unsterblich; [S] *feir*, Sterblicher; *firen*, menschlich; *fern*, Tod; in Namen: *Dor-firn-i-guinar*, »Land der Toten, die leben«.

Firith [S] Spätherbst, vgl. [Q] *Qelle*; → *firin*

firya [Q] menschlich, sterblich, pl. *Firyar*, die Menschen → *firin*

flaew *(thlaew)* [S] krank

fliw *(thliw)* [S] Krankheit

foeg [S] gemein, arm, schlecht

foeir *(feir)* [S] rechts, rechter Hand → *forya*

foen [S] strahlend, weiß → *faina-*

forgam [S] rechtshändig → *forya*

formaite [Q] rechtshändig, geschickt → *forya*

formen [Q] Norden; das Tengwa ᑉ (f); *formenya*, nördlich; → *forya*

forn [S] rechts, nördlich → *forya*

forod *(forven)* [S] Norden; *forodren*, nördlich; → *forya*

Forodwaith [S] »Nordleute«, Nordland → *forya*

> **forya** [Q] rechts; urelb. PHOR-, rechter Hand: [Q] *formaite*, rechtshändig; *formen*, Norden; [S] *foeir*, rechts; *forgam*, rechtshändig; *forod*, Norden; in Namen: [S] *Forodwaith*, Nordland; *Forlond*, Nordhafen.

fui *(hui)* [Q] Nacht; *fuine*, tiefer Schatten

fuin [S] (tiefe) Nacht

fuio [S] verabscheuen

G g

gad- *(gedi)* [S] fangen

gadr *(gador)* [S] Kerker

gae [S] fürchten; *gaer*, furchtbar

gael [S] blaß, schimmernd → *ilma*

gai [S] Wall, Zaun

gail *(gal)* [S] helles Licht → *cala*, *ilma*

galad [S] Strahl, Licht → *cala*

galadh [S] Baum; Genitiv pl. *galadhon*; → *alda*

galadhremmen [S] »baumverrankt«,
  pl. *galadhremmin*; → *alda*

galas [S] Gewächs, Pflanze → *alma*

galbreth [S] Buche → *feren*

galen *(calen)* [S] grün, pl. *gelin*; *galenas*, »Grün-
  zeug«, Pfeifenkraut

galo [S] wachsen → *alma*

galw [S] Glück, Segen, Reichtum → *alma*

gamp [S] Haken, Kralle → *ampa*

gandel *(gannel)* [S] Harfe → *ngande*

gannado *(ganno)* [S] Harfe spielen, harfen;
  → *ngande*

garaf [S] Wolf; auch *garm* (Ma. von Doriath)

garn [S] Besitz, Eigentum → *harya-*

garo [S] ❶ tun, machen → *cárië*; ❷ besitzen; *gerin*,
  ich besitze; → *harya-*

garon [S] Fürst → *harya-*

garth [S] Burg, Festung → *harya-*

gas [S] Loch, Lücke

gasdil [S] Lückenfüller, Stöpsel

gath *(gathrod)* [S] Höhle, Keller

gaud [S] Vorrichtung, Erfindung, Maschine
  → *auta*[2]

gaul [S] Wolfsgeheul → *ngauro*

gaur [S] Werwolf → *ngauro*

gaurwaith [S] »Wolfsleute«, Banditen

gaw [S] heulen; *gawad*, Geheul; → *ngauro*

gell [S] ❶ Freude, Triumph; *gellui*, triumphierend; *gellam*, Jubel; ❷ Himmel

gelu [S] himmelblau → *helle*

gem(b) [S] alt (von Dingen)

genediad [S] Zählweise, Kalender, z. B. *genediad drannail*, Auenland-Kalender; → *not-*

geri [S] schneiden

gern [S] vernutzt, alt (von Dingen)

gîl [S] Stern, pl. *geil*, *giliath* → *ilma*

gildin [S] Silberfunke → *ilma*, *tinta-*

Gilthoniël [S] »die Sterne entfacht habende« (Beiname Elbereths)

giri(th) [S] Schauder, Zittern, Schrecken

Girithron [S] »Bibbermonat«, letzter des númenórisch-elbischen Kalenders

glaer *(laer)* [S] (langes, erzählendes) Gedicht → *lir-*

glaew [S] Salbe

glam(b) [S] Lärm, Getöse → *yalme*

glambr *(glamor)* [S] Echo → *yalme*

glamhoth [S] »lärmende Horde« (die Orks als Rasse), sg. *glamog*; → *yalme*

glan [S] Grenze

glas [S] Freude

glaur *(glor)* [S] Goldglanz → *cala*, laure

glaw [S] Strahlung, Leuchten → *cala*

glî *(g-lisi)* [S] Honig

glin [S] singen, vortragen → *lin-*

gling [S] hängen, baumeln

glîr [S] Lied, Gedicht → *lir-*

glor *(lor)* [S] goldglänzend, goldblond

glos(s) [S] schneeweiß, strahlend weiß → *losse*

glúdh [S] Seife

go- *(gwa-)* [S] zusammen-, mit-; vgl. *ó-*

gobel [S] befestigtes Haus oder Dorf, z. B. *Rhosgobel*, »braunes Haus«; → *pel-*

gobennas [S] Historie, Geschichtsschreibung; *gobennathren*, historisch; → *qet-*

Gódhel [S] Exil-Noldo, pl. *Gódhil*; vgl. *golodh*

golas [S] Laub → *lasse*

goer *(gaer)* [S] kupferrot

golf [S] Zweig

goll [S] weise → *ngolwe*

golodh [S] Noldo, pl. *goelydh*, *Golothrim* → *ngolwe*

gollor [S] Magier → *ngolwe*

golw [S] »Kunde« (poet.); *golwen*, (geheimnis-)kundig → *ngolwe*

gonathra [S] verwickeln, verstricken; *gonathras*, Verstrickung

gond *(gonn)* [S] großer Stein, Felsen → *ondo*

gondram *(gondrafn)* [S] behauener Stein → *ondo*, *dravo*

gonod [S] rechnen, zusammenzählen → *not-*

gonui [S] steinern → *ondo*

gorf [S] Wucht, Stärke → *orme*

gorn *(gorm)* [S] stürmisch, wuchtig → *orme*

goroth *(gorth)* [S] Grauen, Schrecken; *gorthob*, schrecklich; *gorgor* (starkes) Grauen

gorthad [S] Hügelgräber (pl.)

gosta [S] übermäßig fürchten; *gost*, Angst, Schrecken

goth [S] Feind; vgl. *coth*

govannen [S] zusammengetroffen, begegnet (*mae govannen!* etwa: »gut, dich zu treffen!«; vgl. *ó-*

g(o)west [S] Vereinbarung, Eid, Vertrag → *vere*

grond [S] Keule

groth *(grod)* [S] Grabung, unterirdischer Bau

gruin [S] rötlich, vgl. *ruin*

guinar [S] »sie leben« (3. ps. pl. von *cuino*)

gûl [S] (schwarze) Magie → *ngolwe*

gûr *(gurth, guruth)* [S] Tod, Todesangst → *nuru*

gwa- *(go-)* [S] zusammen-, mit- (Präfix); vgl. *o-*

gwador [S] Eid-, Schwurbruder, pl. *gwedeir*; vgl. *o-*; → *toron*

gwaedh [S] Eid, Bund, Vertrag → *vere*

gwae(f) [S] Wind, pl. *gwai(f)*

gwaeron [S] »Windmonat« (3. Monat des númenórisch-elbischen Kalenders), vgl. [Q] *Súlime*

gwaith *(waith)* [S] Gilde, Verband, Volk, Stammesgebiet

gwaloth [S] Blüte, Blumenstrauß → *lóte*

gwann [S] fort, tot → *vanya-*

gwanno [S] fortgehen, hinscheiden, sterben → *vanya-*

gwanod [S] Zahl, Zählung → *not-*

gwanun [S] Zwillinge; *gwanunig*, ein Zwilling; vgl. *o-*

gwanur [S] Verwandter, Bruder, Sippengenosse (f. *gwathel*); vgl. *o-*; → *nóre*

gwanw *(gwanath)* [S] Tod, (Dahinschwinden, Sterben der Elben) → *vanya-*

gwass [S] Fleck, Makel

gwath [S] Schatten, Grau, pl. *gweth*, Schmutz; *gwatho*, besudeln

gwathel [S] Schwester, Sippengenossin, pl. *gwethil*, (für Blutsverwandte gewöhnlich *onóne*) → *seler*

gwaun [S] Gans, pl. *guin*

gwaur [S] besudelt, schmutzig → *vahta*

gwedh [S] Bindung, Verpflichtung → *vere*

gwedi [S] binden; verg. *gwend, gwenn, gwedhant* → *vere*

gwene [S] grün; vgl. *wén*

gweneth [S] Jungfräulichkeit; vgl. *wén*

gwenn *(gwend, wen)* [S] Maid, Jungfrau (oft als Namensendung: *Morwen, Eledhwen*); vgl. *wén*

Gwenwin [S] die Hingeschiedenen (nach Aman), sg. *Gwanwin*

gwest [S] Eid; *gwesto*, schwören → *vere*

gweth [S] Mannhaftigkeit → *vië*

Gwirith [S] 4. Monat des númenórisch-elbischen Kalenders, vgl. [Q] *Viresse*

H h

ha *(hana)* [S] es, pl. *hain*

hab- [S] kleiden (auch *hamnia-*)

habad Küste, Ufer, pl. *hebeid*; (auch *falas*)

habar [S] Mine, Bergwerk

háca- [Q] gähnen; *hácala*, gähnend

hadhod [S] Zwerge (dem Zwergischen *khazâd* nachgebildet; nur den Zwergen gegenüber gebräuchlich, sonst *naugrim*)

hae [S] jenseits (*Haevrast*, die »ferne Küste«)

haew [S] Gewohnheit → *himya-*

hador *(hadron)* [S] Speer-, Pfeilwerfer

haglath *(hadlath)* [S] Schlinge

hahta [Q] Hügel, Haufen

haime [Q] Gewohnheit → *himya-*

haira *(avahaira, eccaira)* [Q] fern, entlegen

hala [Q] (kleiner) Fisch

halatir(no) [Q] »Fischbeobachter«, Eisvogel → *tir-*

halda [Q] verschleiert, verborgen, schattenhaft
→ *halya-*

half [S] Seemuschel

hall [S] verhüllt, verborgen → *halya-*

halle [Q] hoch; Zeichen für Stimmlosigkeit eines
Konsonanten (vorangestellter Strich mit Ober-
länge)

haltha- [S] verbergen, abschirmen → *halya-*

halya- [Q] verschleiern, verbergen; von urelb.
SKAL-: [Q] *halda*, verschleiert, schattenhaft;
[S] *haltha-*, verbergen; *hall*, verborgen

ham- [Q] sitzen

hammad [S] Kleidung

hamnia [S] bekleiden, vgl. *hab-*

hamp [S] Kleidungsstück

handa [Q] gescheit, klug; *handasse*, Klugheit,
Intelligenz; → *hanya*

hann *(hand)* [S] gescheit, klug; *hannas*, Verstand,
Intelligenz; → *hanya*

hande [Q] Wissen, Kenntnis → *hanya*

handele [Q] Verstand → *hanya*

hantale [Q] Danksagung, Dankgebet

hanu [Q] Mann (männliches Lebewesen allgemein)

hanwa [Q] männlich

hanya- [Q] verstehen, wissen von, geschickt sein im ...; von urelb. KHAN-: [Q] *hande*, Wissen; *handele*, Klugheit; *handasse*, Intelligenz; [S] *henio*, verstehen; *hann*, gescheit; *hannas*, Verstand, Intelligenz.

hára- [Q] sitzen → *harya-*

harad [S] Süden; *harn*, pl. *haradrim*, südlich; *hara-dren*, Südländer pl. *haradrim*; → *hyarmen*

haran [Q] König (eines Gebiets, sonst *tar*); pl. *harni*; → *harya-*

haranye [Q] Jahrhundert

hargam [S] linkshändig → *hyarmen*

harma [Q] Schatz, Kleinod; das Tengwa ᴄ̌ (ch); → *harya-*

harna- [Q] verwunden; *harna*, verwundet → *harwe*

harno [S] verwunden; *harn*, verwundet → harwe

harw [S] Wunde → *harwe*

harwe [Q] Wunde; von urelb. SKAR-, zerreißen: [Q] *harna-*, verwunden; [S] *harw*, Wunde; *har-no*, verwunden; *asgar*, gewaltsam, stürmisch.

harya- [Q] besitzen; von urelb. HAR-, GAR(AT)-sitzen auf ...; [Q] *hára-*, sitzen; *harma*, Schatz; *haran*, König; *aryon*, Erbe; *arwa*, besitzend; *arda*, Reich; [S] *aran*, König; *ardh*, Reich; *garn*, Besitz; *garo*, besitzen; *garth*, Burg.

haryon [S] Erbe, Fürst → *harya-*

hast [S] Axthieb; *hasto*, durchschlagen → *hyarin*

hat- [Q] zerbrechen, verg. *hante*

hathel [S] (Breitschwert- oder Axt-)Klinge
→ *hyarin*

haudh [S] Grabhügel

haust [S] Bett

hauta- [Q] ruhen, rasten, aufhören

haya [Q] weit fort (adv.)

he *(hen, hene)* [S] sie (Personalpronomen f.); pl. *hîn*

heca! [Q] fort! Tritt beiseite! (Imperativ von *hehta-*
); gewöhnlich *hecat*, pl. *hecal*

Heceldi [Q] »die (in Beleriand) zurückgelassenen
Elben« → *hehta-*, *elen*; vgl. *Oäreldi*

Hecel(da)mar [Q] »Land der Zurückgelassenen«
(Bezeichnung der Gelehrten von Aman für Beleriand) → *hehta-*, *a-mbar*

hecilo [Q] ein Verlassener, Ausgestoßener, f. *hecile*
→ *hehta-*

hedi [S] werfen, schleudern, verg. *hennin, hant*

hehta- [Q] weglassen, ausschließen, absehen von
…; verg. *hehtane*; *heca!* fort! tritt beiseite!;
heqa, abgesehen von …; [S] *ego!* verschwinde!;
eitha-, beschimpfen.

heir [S] links, linker Hand → *hyarmen*

helce [Q] Eis; *helc*, eiskalt

helcelimbe [Q] Eiszapfen
helda [Q] nackt → *helma*
hele (*heledh*) [S] Glas
heledir(n) [S] Eisvogel → *hala, tir-*
helch [S] eiskalt
heleg [S] Eis
heleth [S] Pelz(-Mantel) → *helma*
helf [S] Fell → *helma*
hell [S] nackt → *helma*

helle [Q] Himmel; von urelb. HEL-: [Q] *helwa*,
hellblau; *helyanwe*, »Himmelsbrücke«,
Regenbogen; [S] *gell*, Himmel; *gelu*, himmelblau; *eilianw*, Regenbogen.

helma [Q] Haut, Fell; von urelb. SKEL-:
[Q] *helda*, nackt; [S] *helf*, Fell, Pelz; *heleth*,
Pelzmantel; *hell*, nackt; *helta*, entkleiden.

helta [S] entkleiden → *helma*
helwa [Q] blaß-, himmelblau → *helle*
helyanwe [Q] »Himmelsbrücke«, Regenbogen
vgl. *helle*
hen [Q] Auge, pl. *hendi*
hên [S] Auge, pl. *hîn*
henio [S] verstehen → *hanya-*
henneth [S] Fenster

heqa [Q] beiseite lassend, ausgenommen, abgesehen von ... → *hehta*

héra [Q] Oberhaupt, Chef; von urelb. KHER, beherrschen, besitzen: [Q] *heru*, Herr (f. *heri*); *heren*, Vermögen; [S] *hîr*, Herr (f. *hiril*); *herth*, Hausvolk, Gefolge; *hervenn*, Gatte (f. *hervess*).

heren [Q] ❶ Vermögen, Verfügung; *herenya*, vermögend, reich, gesegnet → *héra*. ❷ Orden, Bund

herth [S] Hausvolk, Gefolge eines *hîr*; → *héra*

heru [Q] Herr (f. *heri*) → *héra*

herven(n) [S] Gatte (f. *hervess*) → *héra*

hethw [S] neblig, undeutlich → *híse*

hi [S] jetzt; vgl. [Q] *si*

hildor *(hildi)* [Q] »die Nachfolgenden« (Menschen); sg. *hildo*; *hildinyar, meine Nachkommen.*

hilya- [Q] folgen, nachkommen

him [S] ❶ beständig, ausharrend; adv. fortwährend → *himya-*. ❷ kalt, kühl

himba [Q] anhaftend → *himya-*

himya- [Q] anhaften, beharren, festhalten an ...; von urelb. KHIM-: [Q] *himba*, anhaftend; *haime*, Gewohnheit; [S] *him*, beharrlich; *hîw*, zäh, klebrig; *haew*, Gewohnheit.

hin [Q, S] Kind, pl. *híni (Q)*, *hîn (S)*; [Q] als Suffix nach Elternnamen, z. B. *Eruhíni*, Kinder Erus; Vokativ *hína*; *hinya*, »mein Kind«.

hir- [Q] finden; *hiruvalye*, »du wirst finden«.

hîr [S] ❶ Herr, Besitzer, Meister, (f. *hiril*), pl. *heir* (?), *hirrim* → *héra*. ❷ vgl. *sir-*

hísië *(híse)* [Q] Nebel, Dunst; von urelb. KHIS-, KHITH-: [Q] *hiswe*, dichter Nebel; *hiswa*, grau; [S] *hithw*, *hith*, Nebel; *hethw*, neblig; in Namen z. B. *Hithlum*, »Nebelland«, *Hith-aeglir*, Nebelberge.

Hísime [Q] »Nebelmonat«, 11. Monat des númenórisch-elbischen Kalenders, vgl. S. *Hithui*

hiswa [Q] grau → *hísië*

hith [S] Nebel, Dunst; *hithw*, dichter Nebel → *hísië*

Hithui [S] »Nebelmonat«, 11. Monat des númenórisch-elbischen Kalenders, vgl. [Q] *Hísime*

hîw [S] zäh, klebrig; → *himya*

hlon [Q] Laut; *hlonite*, lautlich *(hloniti tengwi*, Lautschriftzeichen, phonetisches Zeichensystem)

hniof *(hnúif)* [S] Falle, Schlinge, pl. *hnyf*

ho *(hon, hono)* [S] er, pl. *huin*

hó- [Q] heraus, heran, vgl. *au-*

hobas *(hûb)* [S] Ankerplatz, geschützte Bucht

hociri [Q] sich ein Teil abschneiden, nehmen; vgl. *auciri* → *cir-*

hoeno *(heno)* [S] jäh einsetzen, beginnen → *horta-*

hollen [S] verschlossen

holme [Q] Geruch

hón [Q] Herz

hópa [Q] Hafen, Bucht; *hopasse*, Ankerplatz

hóre [Q] Antrieb; *hórea*, Schwung, Wucht → *horta-*

horme [Q] Eile, Dringlichkeit → *horta-*

horn [S] getrieben, gezwungen → *horta-*

horta- [Q] drängen, treiben, von urelb. KHOR-, in Gang bringen: [Q] *hortale*, drängend; *horme*, Eile; *hóre*, Antrieb; *hórea*, Wucht; [S] *hûr*, Tatendurst; *hortha*, antreiben; *horn*, getrieben; *hoeno*, jäh beginnen.

hortha [S] antreiben; part. *horn*, getrieben; → *horta-*

hosta [Q] große Anzahl; *hosta-*, sich sammeln

hoth [S] Schar, Menge, Horde (oft Suffix von Völkernamen, z. B. *Glamhoth*, »lämende Horde«, Orks)

hótuli [Q] heraus-, hervorkommen → *tuli-*

hráve *(rhaw)* [S] Fleisch, Leib

hríve [Q] Winter; vgl. [S] *rhîw*

hroa [Q] ❶ Körper (eines beseelten Wesens). ❷ Stoff, Materie

hû [S] Hund

huan (*húnen*) [Q] Jagdhund

hûb [S] Hafen, Bucht, auch *hobas*

hûd [S] Versammlung, vgl. *hosta-*

hûl! [S] vorwärts! (anfeuernder Schlachtruf)

hûn [S] Herz

huo [Q] Hund

huor [S] Mut, Herzenskraft

huore [Q] Mut, Herzenskraft

hûr [S] Tatendurst → *horta-*

hwan [Q] Pilz, Schwamm, pl. *hwandi*

hwarin [Q] schief

hwarma [Q] Querbalken

hwerme [Q] Gebärdensprache

hwesta [Q] Hauch, Luftzug; *hwesta-*, hauchen, pusten, das Tengwa ᴄ (chw)

hwesta sindarinwa [Q] grauelbisches w (hw), das Tengwa ᴌ

hwinde [Q] Strudel, Wirbel → *hwinya-*

hwinya- [Q] strudeln, wirbeln, kreiseln; von urelb. SWIN-; [Q] *hwinde*, Strudel; [S] *chwinio*, strudeln; *chwind*, schwindlig, schwach; *chwîn*, Schwindel; *chwiniol*, wirbelnd, phantastisch.

hyalma [Q] (See-)Muschel

hyapat [Q] Küste, Ufer

hyarin [Q] ich spalte; von urelb. SYAD-, durchschneiden, spalten: [Q] *hyatse*, Riß, Wunde; [S] *hast*, Axthieb; *hathel*, Schwertklinge; in Namen z. B. [Q] *Sangahyando*, »Haufenspalter« (ein Schwert).

hyarmaite [Q] linkshändig → *hyarmen*

hyarmen [Q] Süden; von urelb. KHYAR-, linke Hand: *hyarya*, links; *hyarmenya*, südlich; *hyarmaite*, linkshändig; [S] *heir*, links; *hargam*, linkshändig; *harad*, Süden; *harn*, südlich; *haradren*, Südländer; im Namen z. B. *Harlond*, Südhafen; *Harnen*, »Südwasser«; *hyarmen*: das Tengwa 𝛌 (h).

hyarmenya [Q] südlich → *hyarmen*
hyarya [Q] links → *hyarmen*
hyatse [Q] Riß, Wunde → *hyarin*
hyelle [Q] Glas

I_i

i [Q, S] der, die das; pl. *in* oder *i*; auch Demonstrativpronomen: dieser, diese, dieses; vgl. *is*
iâ [S] Schlucht, Abgrund (z. B. *Moria*, »schwarzer Abgrund«) → *yanga-*

iaeth [S] Hals

iaew [S] Spott, Hohn

iant *(ianw)* [S] Brücke, Joch

iâth [S] Wall, Zaun (*Doriath*, »Land des Zauns«)

iau [S] Schlucht → *yanga*

iaun [S] heilige Stätte, Tempel

iaur [S] (ur-)alt → *yá*

iavas [S] (Früh-)Herbst, vgl. [Q] *yávië*

iaw [S] Getreide → *yáve*

îdh [S] Ruhe, Rast

idher [S] Nachdenklichkeit, Gedankenreichtum → *íre*

idhren [S] bedachtsam, klug, weise → *íre*

idhrin(d) [S] Jahr → *yén*, *rinde*

-ië *(-e)* [Q] Suffix von Abstrakta und substantivierten Verben (Infinitive); z. B. *vanwië*, Vergangenheit; *ngolwe*, Weisheit; *cárië*, Schaffen, Schöpfung

iëll [S] Tochter

iëst [S] Wunsch

ifant [S] bejahrt, langlebig → *yén*, *panta*

ilfirin [Q] unsterblich → *firin*

ilma [Q] Sternenschein; urelb. GIL-, weißer Schein: [Q] *ilmen*, der obere Himmel; [S] *gíl*, Stern; *gael*, hell, schimmernd; z. B. [Q] *Ilmare*; [S] *Gilgalad*; *Gilthoniel*.

ilmen [Q] der obere Himmel, die Sternenregion
→ *ilma, men*

ilqa [Q] alles, jedes einzelne; → *ilya*

ilqen [Q] jeder einzelne, pl. *ilqeni*, dat. *ilqainen*
→ *ilya, qén*

ilu *(ilúve)* das All, Universum → *ilya*

llúvatar [Q] »Allvater« → *ilya, atar*

> **ilya** [Q] alles, das Ganze; von urelb. IL-: *ilu*, das
> Weltall; *ilqa*, jedes einzelne; *ilye*, alle; in
> Namen: *Ilúvatar*, »Allvater«; *Ilúrambar*, die
> Mauern der Welt.

im [S] ❶ zwischen; ❷ ich *(im Narvi …)*

imbe [Q] zwischen

imlad [S] (enges, tiefes) Tal

in [S] die (bestimmter Artikel pl., undeklinierbar,
z. B. *Tol-in-Gaurhoth*, Insel der Werwölfe); vgl. *i*

în [S] ❶ Jahr, auch *idhrin* → *yén*; ❷ s. *dîn*

inc [S] Vermutung, Idee, Vorstellung → *intya-*

ind *(inn)* [S] Sinn, Herz, Charakter → *íre*

indil [Q] Lilie (oder eine andere große Blume)

indis [Q] Weib, Gattin → *nis*

indo *(inno)* [Q] Sinn, Gemüt, Geist → *íre*

indyo [Q] Enkelkind, Nachkomme

inga [Q] erst, zuerst

ingem [S] »jahreskrank«, alt (von Personen) → *yén*

ingóle [Q] (poet.) Wissen, Magie, Kunde → *ngolwe*

ingolmo [Q] Gelehrter, Weiser → *ngolwe*
ínias [S] Chronik, Annalen → *yén*

---

intya- [Q] erraten, vermuten; von urelb. INK-:
[Q] *intya*, Vermutung, Annahme; *intyale*, Vor-
stellungs-, Einbildungskraft; [S] *inc* Vermutung, Idee.

---

inw [S] weiblich, vgl. *anw*; → *nis*
inya [Q] weiblich, vgl. [Q] *hanwa*; → *nis*
inye [Q] ich, vgl. *ni, -nye*
io *(ia)* [S] zuvor, früher, einstmals → *yá*
iolf [S] Brand, Fackel
ionn *(-ion)* [S] Sohn; pl. *ionnei(?), ionnath;* z. B.
  Aragorn Arathornion, Aragorn Arathorns Sohn
iôr [S] Lauf, Gang, Weg

íre [Q] Wunsch, Verlangen; von urelb. ID-:
[Q] *írima*, lieblich, begehrenswert; *indo*, Herz,
Gemüt, Stimmung; [S] *ind*, Herz, Sinn; *idhren*,
gedankenvoll, weise; *idher*, Nachdenklichkeit.

írima [Q] lieblich, begehrenswert, schön → *íre*
is *(i)* [Q] der, die, das (undeklinierter bestimmter
  Artikel, zugleich Demonstrativpronomen)
Isil [Q] Mond → *silme*
Isilya [Q] »Mondtag« (3. Tag der númenórisch-
  elbischen Woche), vgl. [S] *Orithil*

ist [S] Kunde, Wissen; *isto*, wissen, Kenntnis haben; *istui*, gelehrt, kundig; → *ista-*

> **ista-** [Q] wissen, verg. *sinte*; von urelb. IS-:
> [Q] *ista*, *istya*, Wissen; *istima*, wissend, weise;
> *ist(y)ar*, Gelehrter, Weiser; [S] *ist*, Kunde, Wissen; *isto*, wissen; *istui*, gelehrt; *ithron*, Weiser, Zauberer.

ist(y)ar [Q] Gelehrter, Weiser, pl. *ist(y)ari* → *ista-*

ithil [S] Mond → *silme*

ithron [S] Weiser, Zauberer, pl. *ithryn* → *ista-*

iuith [S] Gebrauch, Verwendung; *iuitho*, gebrauchen, verwenden

iûl [S] Schwelbrand

Ivanneth [S] 9. Monat des númenórisch-elbischen Kalenders, vgl. [Q] *Yavannië*

L

lá *(lala, laume)* [Q] nein, nicht; als Präfix *la-*, *lala-*, verweigern

laba [S] hinken, hüpfen

lachend [S] »flammenäugig«, pl. *lechind*

lad [S] (flaches) Tal, Ebene → *latin(a)*

laeg [S] grün → *laica*

Laegel [S] Grünelb, pl. *Laegil, Laegrim, Laegel(d)rim*, vgl. [Q] *Laiqendi*

laer [S] ❶ Sommer, vgl. [Q] *laire*; ❷ Lied (Ma. von Doriath)

laica *(laiqa)* [Q] grün; von urelb. LÁYAK-: [S] *laeg*; in Namen z. B.: [S] *Legolas*, »Grünlaub«; [Q] *Laiqendi*, Grünelben.

laice [Q] scharf, spitz; als Substantiv: Sinnesschärfe

laime [Q] Schattenzone → *leo*

Laiqendi [Q] Grünelben (Übersetzung von [S] *Laegil*) → *laica, qet-*

laira [Q] schattig → *leo*

laire [Q] ❶ Sommer; ❷ Gedicht

laita- [Q] rühmen; Imperativ: *laita!* rühmt!; 1. ps. pl. fut. *laituvalmet,* wir wollen (sie beide) rühmen; *laitale,* Lobpreisung

laive [Q] Salbe

laiwa [Q] krank

lalaith [S] Gelächter

lalf *(lalven, lelf)* [S] Ulme, pl. *lelvin*

lam [S] Zunge, Sprache → *lamba*

láma [Q] Hall, hallender Ton → *lamya-*

lámina [Q] hallend → *lamya-*

laman [Q] (vierfüßiges) Tier, pl. *lamni, lamani*

lámatyáve [Q] Sprachgeschmack (persönliche Vorliebe für den Klang von Wörtern) → *lamya-*

lamba [Q] Zunge; urelb. LAB-: [Q] *lambe*, Sprache; *lapsa-* lecken; *lav-*, benetzen; [S] *lam*, Zunge, Sprache; *lhefi*, lecken; in Zusammensetzungen: [Q] *lambengolmo*, Sprachgelehrter; *lambe Eldaron*, Elbensprache.

lambe [Q] (gesprochene) Sprache, Mundart; das Tengwa ⌒ (l); *lambe Eldaiva*, Sprache der Elben; *lambe Eldaron*, Elbisch (auch wenn von anderen Völkern gesprochen); → *lamba*

lambe [S] barbarisches (nichtelbisches) Reden → *lamba, lamya-*

lambengolmor [Q] die Schule der noldorischen Sprachgelehrten, sg. -*ngolmo*; → *lamba, ngóle*

lamma [Q] Ton, Schall → *lamya*

lamya- [Q] tönen, lauten; von urelb. LAM-: [Q] *lamma*, Ton; *láma*, Hall; *lámina*, hallend; *nalláma*, Echo; [S] *lóm*, Echo; *lómen*, widerhallend; *nallo*, rufen; in Namen z. B. [S] *Dorlómin*, »Echoland«.

lanat [Q] Gewebe

lanc [S] nackt, kahl

lanco [Q] Kehle

landa [Q] weit, geräumig

lango [Q] Breitschwert, Säbel, auch: Schiffsbug
lanne [Q] Tuch

> **lanta-** [Q] fallen, stürzen; urelb. DAT-: [Q] *lanta*,
> Fall; *latta*, Grube, Loch; *atalta-*, einstürzen;
> [S] *dant-*, fallen; *dannen*, gefallen; *atlanno*,
> abfallen, versinken; in Namen: [Q] *Atalante*,
> »die Versunkene« (Númenor), *lasselanta*,
> »Blattfall«, Herbst.

lanthir [S] Wasserfall → *lanta-*
lanya- [Q] weben
lanwa [Q] Webstuhl
lapsa- [Q] lecken → *lamba*
lapse [Q] Kleinkind
lár [Q] Wegstunde (5000 *rangar*, etwa drei englische Meilen)
lára [Q] flach
larca *(alarca)* [Q] rasch, schnell
las(s) [S] Blatt → *lasse*

> **lasse** [Q] Blatt, pl. *lassi*; von urelb. LAS-:
> [Q] *olassië*, Laub; *lasselanta*, Herbst; [S] *las(s)*,
> Blatt; *golas*, Laub; in Namen: [S] *Legolas*,
> »Grünlaub«, *Eryn Lasgalen*, Grünwald.

lasselanta [Q] »Blattfall«, Herbst, vgl. [S] *Lhasbelin* → *lasse*, *lanta-*
lassemista [Q] laubgrau

lasta- *(lár)* [Q] zuhören; von urelb. LAS-:
[Q] *lasta*, Gehör; [S] *lhaw*, Ohren, Gehör,
sg. *lhewig*; *lhathro* oder *lathrado*, belauschen;
lathron, Zuhörer, Lauscher; *lasto*, zuhören.

lasto [S] zuhören → *lasta-*

lathro *(lathrado)* [S] belauschen; *lathron*, Zuhörer,
Lauscher; → *lasta-*

latin(a) [Q] offen, eben (Gelände); von
urelb. LAT-, offenliegen: [S] *lhaden*, pl. *lhedin*;
lad, Tal, Ebene; z. B. [S] *Tumladen*, »Talebe-
ne«; *Imladris*, Bruchtal.

latta [Q] ❶ Schnur, Riemen; ❷ Grube, Loch
→ *lanta-*

lauca [Q] warm

laure [Q] Gold(glanz); *laurea*, golden, vgl. *malda*

láv- [Q] lecken, benetzen; vgl. *unduláve-*;
→ *lamba*

lavan [S] (vierbeiniges) Tier, pl. *levain*; *levain tad-
dail*, zweibeinige Tiere (Kleinzwerge)

le [S] du, dich (respektvolle Anrede: *elye*)

leithian [S] Erlösung, Befreiung → *leuca*

lelya- [Q] reisen, fahren, gehen; verg. *lende*, er kam

lembas [S] Wegbrot → *masta-*

lemnar [?] (Fünftage-)Woche von Valinor

lempe [Q] fünf

lenéme [Q] mit Erlaubnis

leo [Q] Schatten (den ein Gegenstand wirft); von urelb. DAY-: [Q] *laime*, Schattenzone; *laira*, schattig; [S] *dae*, Schatten; *dair*, Baumschatten; in Namen z. B. [S] *Dor Daedeloth*, Land des schrecklichen Schattens.

lepse [Q] Finger

leuca- *(lehta-)* [Q] lösen, lockern; von urelb. LEK-: [S] *lhein*, befreit, frei; *lheitho*, erlösen, befreien; *leithian*, Erlösung.

lhach [S] Flamme, Stichflamme; *lhachend* *(lachend)*, flammenäugig

lhaden [S] offen, eben (Gelände), pl. *lhedin*; → *latin(a)*

lhaeg [S] scharf, spitz, exakt

lhaes [S] Kleinkind

lhaews [S] Haar

lhagr *(lhegin)* [S] rasch, schnell

lhalwen *(lhalorn)* [S] Ulme, pl. *l(h)elwin*

lham(b) [S] vgl. *lam*

lhamthanc [S] Gabelzunge → *lamba*

lhanc [S] Kehle

lhang [S] Breitschwert, Säbel

lhann *(land)* [S] Gebiet, Weite, Teil eines Reiches (*Landroval*, »Weitflügel«, ein Adler)

lhant [S] Waldlichtung → *latin(a)*

Lhasbelin [S] Herbst, vgl. *Narqelion*; → *lasse, qelet-*

lhath [S] Riemen

lhaug [S] warm

lhaw [S] »Ohren« (Dual), Gehör, sg. *lhewig*; → *lasta-*

lhebed [S] Finger

lheben [S] fünf

lhefi [S] lecken → *lamba*

lhein *(lhain)* [S] frei, befreit → *leuca-*

lheitho [S] erlösen, befreien → *leuca-*

lhend [S] melodisch, lieblich → *linde*

lhim(b) [S] Fisch; *lhimlug*, Fischdrache, Seeschlange → *lóce*

lhimmid [S] benetzen, befeuchten

lhimp [S] feucht, naß

lhîr *(-lir)* [S] Reihe, Kette, vgl. *aeglir*

lhoch [S] Locke

lhoda [S] schwimmen

lhong [S] schwer

lhind *(lhinn)* [S] Weise, Melodie → *linde*

lhonn [S] Pfad, Paß, Meerenge → *londe*

lhost *(lost)* [S] leer (z. B. *Lothlann*, »leere Ebene«)

lhû [S] Zeit → *lúme*

lhum [S] Schatten, Düsternis; *lhumren*, schattenhaft → *lumbe*

lhûn *(lûn)* [S] blau, pl. *luin*; → *lúne*

lhunt [S] Boot

lhûth [S] Spruch, Zauber; *lhútha*, ver- oder bezaubern; → *lúce*

li- *(lin-)* [Q] Präfix, »viel(e)« → *lië*

lia [Q] Spinnwebfaden → *líne*

liante [Q] Spinne → *líne*

lië [Q] Leute; von urelb. LI-, viele: [Q] pl.-Suffix -*li*; Präfix *lin-*; [S] -*lin (-lim, -rim)*; z. B. [Q] *lintyulussea*, »viele Pappeln habend«; [S] *Galadhrim*, »Baumleute«.

lillassea [Q] »viele Blätter habend«, dicht belaubt → *lië*

lilta- [Q] tanzen

lim [S] vorwärts, schnell (?) *(noro lim!)*; vgl. *linta*

limba [Q] Tropfen

lin *(lhîn)* [S] Teich, Weiher

-lin [S] pl.-Suffix, vermischt mit -*lim*, -*rim* → *lië*

linda [Q] schön, wohlklingend → *linde*

lindo *(linda)* [Q] Sänger, Singvogel; → *linde*

linde [Q] Weise, Melodie; urelb. GLIN-, LIN-, SLIN-: [Q] *lindele (lindale)*, Musik; *linda*, schön, wohlklingend; *lindo*, Sänger; *lómelinde*, Nachtigall; *tuilindo*, Schwalbe; [S] *lhind*, Melodie, *dúlinn*, Nachtigall; *tuilinn*, Schwalbe.

lindornea [Q] »mit vielen Eichen« → *lië*

líne [Q] Spinnwebe; urelb. SLIG-: [Q] *lia*, Spinnwebfaden; *liante*, Spinne; [S] *thling*, Spinnennetz; *thlingril*, Spinne; *thlê*, Spinnwebfaden;
z. B. [Q] *Ungoliante*, »Dunkelspinne«,
[S] *Deldúthling*.

linga- [Q] hängen, baumeln
lingwe [Q] Fisch
lingwilóce [Q] Fischdrache, Seeschlange → *lóce*

linna- [Q] fortwandern, reisen, verg. *lende*
(vgl. *lelya-*) urelb. LED-: [S] *egledhi (eglehio)*,
auswandern, ins Exil gehen; ausgewandert,
verbannt: *eglenn*; *egledhron*, Exilant.

linqe [Q] naß
linta [Q] rasch, pl. *linte*
linya [Q] Teich, Weiher
lintyulussea [Q] »mit vielen Pappeln« → *lië*
linyenwa [Q] bejahrt, alt → *lië*, *yén*
lipsa [Q] Seife

lir- [Q] singen, psalmodieren; urelb. (G)LIR-:
[Q] *lirin*, ich singe; *laire*, Gedicht; [S] *(g)laer*,
episches Gedicht; *(g)lîr*, Lied; *glin*, singen;
lirulin, Lerche.

lirulin [S] Lerche (auch: *aimenel*); → *lir*-

lis [S] Schilf

lis *(lissen)* [Q] Honig; *lisse,* süß

lith [S] Sand, Staub, Asche

litse [Q] Sand

líve [Q] Krankheit

lô [S] Fenn, Sumpf; -*ló*, -fluss (Namensendung von Sumpfgewässern, z. B. *Gwathló*)

---

ló [Q] (eine) Nacht; urelb. DOH-, DÔ-: [Q] *lóme,* Nachtzeit; *lóna,* dunkel; *lómelínde,* Nachtigall; [S] *daw,* Nachtzeit, Düsternis; *dû,* Nacht-einbruch; *dûr,* dunkel; *dúlinn,* Nachtigall; *duredhel,* Dunkelelb; *dúwath,* Nachtschatten.

---

loa [Q] Wachstum, Vegetation, Sonnenjahr

---

lóce [Q] Drache; urelb. LOK-: [Q] *angulóce,* Schlangendrache; *fealóce,* Funkendrache; *rámalóce,* Flügeldrache; *urulóce,* Feuerdrache; *lingwilóce,* Fischdrache; [S] *lhûg, amlug, lhimlug.*

---

locse [Q] Haar

loende [Q] Mittjahrstag → *ende*

lôg [S] Sumpfland, Teich, pl. *loeg*

lóm [S] Echo; *lómen, lómin,* widerhallend → *lamya*-

lóme [Q] Nachtzeit, Nacht-, Dämmerlicht; *lómea*, nächtlich, finster, z. B. *Lómeanor*, »Finsterland«; → *ló*

lómelinde [Q] Nachtigall, pl. *lómelindi*; → *ló*, *linde*

lóna [Q] ❶ dunkel, düster → *ló*; ❷ Insel, entlegenes Land

lond [S] Hafen, Bucht → *londe*

> **londe** [Q] Meeresstraße, Hafeneinfahrt; urelb. LOD-: [S] *lhonn*, Pfad, Paß, Meerenge; *lond*, Hafen; *othlond*, Stadtstraße; z. B. [Q] *Alqalonde*, »Schwanenhafen«; [S] *Harlond*, Südhafen.

lóre [Q] Schlaf → *olo(s)*

lorna [Q] schlafend → *olo(s)*

loss [S] Schnee; *Lossoth*, Schneemenschen; *lossen*, schneeig, verschneit; → *losse*

> **losse** [Q] Schnee, adj. schneeweiß; auch: weiße Blume (vgl. *lóte*); poet. *olosse*; [S] *loss*, Schnee; *lossen*, verschneit; *gloss*, schneeweiß, z. B. [Q] *Oiolosse*, [S] *Uilos*, der »ewig schneeweiße« (Berg).

> **lóte** [Q] (große einzelne) Blume; urelb. LOT(H)-: [Q] *losse*, weiße Blüte; [S] *loth*, Blume, Blüte; *gwaloth*, Blumenstrauß; z. B. [Q] *Wingelóte*, »Schaumblüte«.

Lótesse [Q] »Blütemonat« (5. Monat des númenórisch-elbischen Kalenders, etwa Mai/Juni), vgl. [S] *Lothron*; → *lóte*

loth *(lhoth)* [S] Blume, Blüte → *lóte*

Lothron [S] »Blütenmonat«, vgl. [Q] *Lótesse*; → *lóte*

lú [Q] Zeitpunkt, Moment, Gelegenheit → *lúme*

lúce [Q] Zauber; urelb. LUK-: [Q] *luhta-*, verzaubern; [S] *lhúth*, Spruch, Bann; *lhútha*, verzaubern; z. B. *Lúthien*, »Zauberin«.

lûg *(lhûg)* [S] Drache → *lóce*

luhta- [Q] ver- oder bezaubern → *lúce*

luin [S] blau, pl. von *lhûn*

lumbe [Q] Düsternis, Schatten (vermischt mit *lóme*); urelb. LUM-: [Q] *lumbule*, tiefer Schatten; [S] *lhum*, Schatten; z. B. [Q] *Hisilumbe*, *Hisilóme*, [S] *Hithlum*.

lumbo [Q] Wolke

lumbule [Q] dichter Wolkenschatten

lúme [Q] Zeit; urelb. LU-: [Q] *lúmeqenta*, historischer Bericht, Chronik; *lúmeqentale*, Geschichte; *lú*, Zeitpunkt; [S] *lhû*, Zeit.

lúmen [Q] Zeitpunkt, »Stunde«; *lúmenna*, »auf die Stunde« → *lúme*

lúmenyáre [Q] historische Erzählung → *lúme,*
   nyar-

lúmeqenta [Q] historischer Bericht, Chronik;
   lúmeqentale, Geschichte; *lúmeqentalea,* historisch; → *lúme*

lúne [Q] blau; urelb. LUG-: [S] *lhûn,* blau, z. B:
   [S] *Ered Luin,* [Q] *Lúnoronti,* die Blauen Berge.

lunga [Q] schwer
lunte [Q] Boot
lussa- [Q] flüstern; *lusse,* Flüsterlaut
lusta [Q] leer, nichtig
lúva [Q] Bogen (Schreibstrich)
-lye [Q] du (Pronominalsuffix für *elye*)

M m

má [Q] Hand (gewöhnlich *camba*); urelb. MAH-,
   MAG-, MAP-: [Q] *mahta-,* handhaben; *mapa-,*
   packen, ergreifen; *maite,* handlich, geschickt;
   mára, nützlich, passend; [S] *matho,* handhaben; *mab,* Hand (Ma. von Doriath), *moed,*
   handlich; *maer,* nützlich; *maen,* geschickt;
   maenas, Handwerk, Kunstfertigkeit.

mab [S] Hand → *má*

macar [Q, S] Schwertkämpfer, Krieger → *má, macil*

---

macil [Q] Schwert; urelb. MAK-: [Q] *mahta-*, (eine Waffe) handhaben; *mahtar, macar*, Krieger; [S] *magol, megil*, Schwert; *maehta*, kämpfen; *maeth*, Kampf, Zweikampf; *maethor*, Krieger; z. B. [S] *Mormegil*, schwarzes Schwert.

---

macsa [Q, S] weich, formbar; *macse*, Teig

mae [S] gut, erfreulich (*mae govannen*, »gut dich zu treffen«)

maeg [S] scharf

mael [S] Fleck, Makel, fehl- (auch adj.)

maenas [S] Handwerk, Kunstfertigkeit → *má*

maen [S] geschickt, kunstfertig → *má*

maer [S] nützlich, passend, handlich → *má*

maeth [S] Kampf, Gefecht (unter zweien oder wenigen); *maetha*, kämpfen; *maethor*, Krieger; → *macil*

maew [S] Möwe

magol *(magil, megil)* [S] Schwert → *macil*

mahalma [Q] Thron; *mahalmassen*, »auf den Thronen« (Lokativ pl.)

mahta- [Q] (eine Waffe) handhaben, kämpfen; *mahtar*, Krieger; → *má, macil*

maica [Q] scharf, durchdringend

maile [Q] Begierde, Gelüst; *mailea*, gierig, lüstern
→ *milme*

maite [Q] handlich, handfertig, geschickt,
pl. *maisi*; → *má*

maiwe [Q] Möwe

mâl [S] Blütenstaub, pl. *mail, mely*; → *malina*

malda [Q] Gold (als Metall) → *malina*

malen [S] gelb, pl. melin → *malina*

malina [Q] gelb; urelb. SMAL-: [Q] *malda*, Gold;
malo, Blütenstaub; *malwa*, fahl; *ammale*,
Goldammer; [S] *malen*, gelb; *malt*, Gold; *mâl*,
Blütenstaub; *malw*, fahl; *emmelin*, Goldam-
mer; z. B. [Q] *Malinalda*, »goldener Baum«,
[S] *Mallorn*.

malinorne [Q] »goldener (gelb blühender) Baum«,
pl. *malinorni*, Genitiv pl. *malinornelion*; (auch
ornemalin, malinalda); → *malina, orne*

malle [Q] Straße

mallorn [S] Mallorn, pl. *mellyrn*; → *malina, orne*

mallos [S] (eine gelbe Blume) → *malina*

malo [Q] gelbes Pulver, Blütenstaub → *malina*

malt [S] Gold; *malthen (mallen)* golden; → *malina*

malw [S] fahl, blaß → *malina*

malwa [Q] fahl, blaß → *malina*

máma [Q] Schaf

mân [S] hingeschiedener (heiliger) Geist → *manar*

man [Q] wer?

manadh [S] Schicksal, Verhängnis, (gutes) Ende
→ *manar*

> **manar** *(mande)* [Q] Schicksal, (glückliches)
> Ende; urelb. MAN-, MANAD-: [Q] *manu*, hei-
> liger Geist; [S] *manadh*, Schicksal; *mân*, heili-
> ger Geist; z. B. [Q] *Manwe, Aman*.

mando [Q] Kerker, Gefängnis

> **manca-** [Q] Handel treiben; urelb. MBAKH-, tau-
> schen: [Q] *mancale*, Handel; *mancar*, Händler;
> [S] *banga*, Handel treiben; *banc*, Handel; *bach*,
> Ware; *bachor*, Händler.

M

manu [Q] (heiliger) hingeschiedener Geist → *manar*

mapa- [Q] packen, ergreifen → *má*

mar [Q] Heimat, Wohnstatt; *mara-*, wohnen, bleiben; → *a-mbar*

mára [Q] nützlich, tauglich, geeignet → *má*

maranwe [Q] Schicksal, Bestimmung → *martya-*

marde [Q] Halle → *a-mbar*

marta [Q] todgeweiht, vom Schicksal verurteilt
→ *martya-*

> **martya-** [Q] bestimmen, verhängen; urelb. MBA-
> RAT-: [Q] *maranwe*, Schicksal, Bestimmung;
> *umbar*, Verhängnis; *marta*, todgeweiht;

[S] *bartho*, verurteilen, verdammen; *barad*, verdammt; *amarth*, Schicksal; z. B. *Amon Amarth*, Schicksalsberg.

marya [Q] falb, rehbraun

masta- [Q] backen; urelb. MBAS-, kneten: [Q] *masta*, Brot; [S] *bast*, Brot; *basgorn*, Brotlaib.

mat- [Q] essen
matho [S] tasten, handhaben, schlagen → *má*
maur [S] Finsternis → *more*
maure [Q] Not → *mauya-*
mausta [Q] Zwang → *mauya-*

mauya- [Q] zwingen; urelb. MBAW-, zwingen, unterdrücken: [Q] *maure*, Not; *mausta*, Zwang; [S] *bauglo*, unterdrücken; *baug*, tyrannisch; *baur*, Not; *Bauglir*, Tyrann (ein Beiname Morgoths).

maw [S] besudeln, beflecken
mbar [S] Land, Wohngebiet, pl. *mbair* → *a-mbar*
mea [Q] gut
medi [S] essen
megil *(magol)* [S] Schwert → *macil*
megli [S] »Honigfresser«, Bär → *lis*
meidh [S] falb, rehbraun

mel- [Q] lieben (schätzen, befreundet sein);
urelb. MEL-: [Q] *melme*, Liebe; *melda*, geliebt;
melima, liebenswürdig; *melisse* (f.), *melindo*,
Geliebte(r); *meldo*, Freund; [S] *meleth*, Liebe;
mîl, Zuneigung; *mellon*, Freund; *milui*, freundlich; *meldis* (f.), *meldir* (m.) oder *melethril* (f.),
melethron (m.), Liebhaber(in); z. B. [Q] *Elda-*
meldo, Elbenfreund.

melch [S] gierig → *milme*
melda [Q] geliebt → *mel-*
meldo [Q] Freund → *mel-*
meleth [S] Liebe → *mel-*
melethron [S] Liebhaber; *melethril* (f.) → *mel-*
melima [Q] liebenswürdig, schön → *mel-*
melin [Q] lieb, teuer → *mel-*
melindo [Q] Geliebter; *melisse* (f.); → *mel-*
mell [S] lieb, teuer → *mel-*
mellon *(mhellon)* [S] Freund, Geliebter,
pl. *mellyn*; → *mel-*
melme [Q] Liebe → *mel-*

men [Q] Ort, Stelle; urelb. MEN-: [Q] *ména*,
Region, Gegend; *menel*, Himmel; als Suffix
-*men* zu den Himmelsrichtungen, z. B.
númen, Westen; [S] *men*, Weg, Straße; *menel*,
Himmel; z. B. [Q] *Meneltarma*, »Himmels-

pfeiler«; [S] *Menelmacar*, »Himmels-Schwertkämpfer« (Orion).

mene [S] tausend

menel [Q, S] Himmel, »Sternenregion« → *men,
elen*

Meneldil [Q] »Himmelsfreund«, Astronom

Menelya [Q] »Himmelstag« (5. Tag der númenórisch-elbischen Woche), vgl. [S] *Ormenel*

Menelmacar [Q, S] »Himmels-Schwertkämpfer«
(Orion); auch *Menelvagor*; → *men, macil*

mennai [Q] bis (wohin) → *men*

ment [S] Punkt → *mente*

mente [Q] Punkt; urelb. MET-: [Q] *metya-*, ein
Ende machen; *metta*, Ende; *métima*, letztes;
[S] *ment*, Punkt, *meth*, beenden; *methen*,
Ende; z. B. [Q] *Mettare*, »letzter Tag«;
[S] *Methedras*, »letzter Gipfel«.

mere- [Q] wünschen, begehren, verg. *merne*

meren(de) [Q] Fest; urelb. MBER-: *merya*, festlich; *meryale*, Festtag; [S] *mereth*, Fest; *meren*,
festlich, fröhlich; z. B. *Mereth Aderthad*, Ver-
söhnungsfest.

mereth [S] Fest → *meren(de)*

meril [S] Rose

merya [Q] festlich; *meryale*, Fest-, Feiertag;
→ *meren(de)*

mesg *(mesc)* [S] naß

met [Q] »wir zwei« (Dual-Pronomen), beide

meth [S] beenden; *methen (methed)*, Ende;
→ *mente*

métima [Q] letzt- → *mente*

metta [Q] Ende; vgl. *ambarmetta;* → *mente*

Mettare [Q] »letzter Tag« (des númenórisch-elbischen Kalenders) → *mente*

metya- [Q] beenden, ein Ende machen → *mente*

mi [Q] in den (die, das); *mir, minna*, hinein, nach
innen

micsa [Q] naß

mîd [S] Feuchtigkeit; *midh*, Tau

mîl [S] Zuneigung; *milui*, freundlich, liebevoll
→ *mel-*

milca [Q] habgierig → *milme*

> **milme** [Q] Gier, Verlangen; urelb. MIL-IK-:
> [Q] *maile*, Gelüst; *mailea*, gierig, geil; *milca*,
> habgierig; *milya-*, begehren; [S] *moel*, Gelüst;
> *moelui*, lüstern, *melch*, gierig.

milya- [Q] begehren, verlangen nach ... → *milme*

min [S] eins; *minei*, einzeln, einzig; → *mine*

min- [S] zwischen (Präfix)

minda [Q] auffällig, vorragend → *mine*

mindo(n) [Q] (hoher) Turm auf einem Hügel
→ *mine, tundo*

mine [Q] eins; urelb. MINI-, für sich allein stehen, hervorstechen: [Q] *minya*, erst- (adj.);
minda, auffällig; *mindo(n)*, Turm; [S] *min*,
eins, *minei*, einzeln; *min(n)as*, Turm.

min(n)as [S] Turm, Festung → *mine*

minno [S] eintreten, geboren werden; *minno!* tritt
ein!

Minnónar [Q] »die Erstgeborenen« (die Elben);
vgl. *Apanónar;* → *mine*

minqe [Q] elf

minuial [S] Morgendämmerung → *mine, cala*

minya [Q] erst-, erstens → *mine*

mîr [S] Kleinod, Schmuckstück → *míre*

mírdan [S] Juwelenschmied, Juwelier, pl. *mírdain;*
→ *míre, táno*

míre [Q] Juwel, Kleinod, Kostbarkeit: [Q] *miril*,
strahlender Edelstein; *mirilya-*, strahlen, funkeln; [S] *mîr*, Kleinod; *bril*, Glas; z. B.
[Q] *Míriël*, [S] *Nauglamír*.

mirian [S] Münze im Wert von vier *canath*

mirima [Q] frei, nicht seßhaft → *mista-*

mirroanwi [Q] Inkarnationen (Geister in leibhaftiger Gestalt)

miruvóre [Q] göttlicher Wein oder Stärkungstrank (Nektar)

mista- [Q] umherschweifen; *mirima*, frei (nicht seßhaft); [S] *mistrad*, Umherirren, Irrweg; *mist*, Irrtum; *misto*, wandern.

miste [Q] Nieselregen
mistrad [S] Umherirren, Irrweg → *mista-*
mith [S] weißer Nebel; *mithren*, pl. *mithrin*, grau; vgl. *hith*
mithril [S] Wahrsilber, Moria-Silber (»Grauschimmer«)
mitya [Q] innerlich

M

miule [Q] Miauen (Schreie von Möwen oder Katzen)
moe [S] weich; *moeas*, Teig
moed [S] geschickt → *má*
moel [S] Gelüst; *moelui*, lüstern → *milme*
moerilind *(merilin)* [S] Nachtigall → *more*
Moerbin [S] sg. *Moerben*, »Dunkelleute« (entspricht [Q] *Moriqendi*, aber nicht auf Elben beschränkt), vgl. *Celbin, Mornedhel*
moina [Q] vertraut, lieb
moina [S] verborgen, geheim
mól [Q] Sklave, Knecht
môr [S] Nacht; adj. *mor*, dunkel; → *more*

morchaint [S] dunkle Formen (von schattenwer-
fenden Dingen), sg. *morchant*; → *more*

morco [Q] Bär

mordo [Q] Schatten, Dunkelheit, Makel → *more*

more [Q] schwarz; urelb. MOR-: [Q] *móre*,
Schwärze; *mornië*, Dunkelheit, Nacht;
mordo, Schatten, Makel; *morna*, düster, trüb;
morilinde, Nachtigall; [S] *moru*, schwarz;
maur, Düsternis; *môr*, Nacht; z. B. [S] *Mordor*,
Morgoth, *Morgul*, *Moria*.

morgul [S] schwarze Kunst, Hexerei → *more*, *ngolwe*

morilinde [Q] Nachtigall → *more*

Moriqendi [Q] Dunkelelben, sg. *Moriqende*,
vgl. *Cala*qendi; → *more*, *qende*

morna [Q] düster, trüb; *mornië*, Dunkelheit;
→ *more*

Mornedhel [S] Dunkelelb, pl. *Mornedhil*; → *more*,
elen

moru [S] schwarz → *more*

móta- [Q] fronen, schuften

moth [S] Dämmerlicht

motto [Q] Fleck, Klecks

mú [Q] nicht, nein

múdo [S] fronen, schuften

muil [S] kahl, öd (sg.?) (*Emyn Muil*, die kahlen Berge)

muile [Q] Heimlichkeit, Geheimhaltung
muin [S] vertraut, lieb
muina [Q] verborgen, geheim
muindor [S] Bruder, pl. *muindyr*; vgl. *muin*, *toron*
muinthel [S] Schwesterchen (Koseform),
  vgl. *muin*, *thêl*
mûl [S] Sklave, Knecht

> **mundo** [Q] Schnauze, Nase, Kap; urelb. MBUD-:
> [Q] *andamundo*, Elefant; [S] *bund*, Schnauze;
> *andabon*, Elefant.

N n

-n [S] Endung der 1. ps. sg. Präsens; z. B. *nallon*, ich
  rufe
na [S] von, bis, zu, bei; *na-chaered*, in die Ferne; *na
  vedui*, zuletzt, endlich; auch den Genitiv anzei-
  gend, z. B. *Taur-na-Neldor*, »Wald von Buchen«;
  als Präfix *an(a)*-
na- [Q] sein (für kurzfristige Zustände; sonst *ea*-);
  na, es ist …; *nai*, es möge sein, daß …

> **ná** *(nan)* [Q] aber, anderseits, im Gegenteil;
> urelb. NDAN-: [Q] *a-nanta*, und doch, den-
> noch; *nan-* (Präfix), wieder-; [S] *dân*, Rücken,
> Rückseite.

nac- [Q] beißen; urelb. NAK-: [Q] *nahta*, Biß; *nangwa*, Kiefer; *anca*, Gebiß, Zahnreihe, Rachen; [S] *nag-*, beißen; *naeth*, schmerzlich; *naew*, Kiefer; *anc*, Gebiß, Rachen; z. B. *Ancalagon*, »beißender Sturm«.

na-chaered [S] »in weite Ferne«

nad [S] Ding

nadhor *(nadhras)* [S] Weideland → *nanda*

nae! [S] ach! o weh! → *naina-*

naeg [S] Schmerz → *nac-*

naeth [S] schmerzlich, bitter, zähneknirschend → *nac-*, *naina-*

naew [S] Kiefer → *nac-*

nag- [S] beißen → *nac-*

nahta [Q] Biß → *nac-*

nai [Q] ❶ ach! o weh! → *naina-*; ❷ Konjunktiv von *na-*; »es sei«

naice [Q] bohrender Schmerz; *naicele(a)*, schmerzhaft; → *nac-*

naina- [Q] klagen; urelb. NAY-: [Q] *nainië*, *naire*, Klage; *nai!* ach! *dénië*, Klagelied; [S] *naeth*, bitter, zähneknirschend; *noer*, traurig, beklagenswert; *nae!* ach!

naire [Q] Klage → *naina-*

naith [S] Speerspitze, Winkel, Keil → *nasse*

nalláma [Q] Echo → *lamya-*

nallo [S] rufen; *nallon*, ich rufe → *lamya-*

namárië [Q] (gute) Heimkehr, Lebewohl → *na, a-mbar*

namba [Q] Hammer; *namba-*, hämmern

nambarauto [Q] Kupferschmied

namna [Q] Statut, Regel, Gesetz

námo [Q] Richter

nan(d) [S] Grasland, Tal, Ebene → *nanda*

---

nanda [Q] Feuchtwiese; urelb. NAD-: [S] *nan(d)*, Grasland; *nadhor*, Viehweide; z. B. [Q] *Tasarinan*, [S] *Nan-tathren*, Weidental; [S] *Nanduhirion* (*nan-dûr-hírion*, »Tal-dunkles-der Bäche«), Schattenbachtal.

---

naneth [S] Mutter; Koseform: *nana*

nangwa [Q] Kiefer → *nac-*

nâr [S] Ratte

naraca [Q] reißend, heftig → *narci*

Narbeleth [S] »Sonnenschwund«, Herbst; 10. Monat des númenórisch-elbischen Kalenders; vgl. [Q] *Narqelië*; → *nár(e), qelet*

---

narci [Q] reißen; urelb. NÁRAK-, reißen (transitiv u. intransitiv) [Q] *naraca*, reißend, heftig; [S] *narcha*, reißen; z. B. [S] *Narog* (daher *Narogothrond, Nargothrond*, »Festung am Narog«).

---

nár(e) [Q] Flamme; urelb. NAR[1]-, Flamme, Feuer; [Q] *Anar*, Sonne; *narwa*, feuerrot; *Narqelion*, Herbst; [S] *naur*, Feuer; *Anor*, Sonne, *narw*, *naru*, rot; *Oranor*, »Sonn-Tag«; z. B. [Q] *Narya*, der Feurige (Ring); [S] *Anóriën*, »Sonnenland«; *Sammath Naur*, die Feuerkammern.

narda [Q] Knoten

nardh [S] Knoten

Nárië [Q] »Sonnenmonat«, der 6. im númenórisch-elbischen Kalender, vgl. [S] *Nórui*; → *nár(e)*

narn [S] Erzählung, Saga → *nyar-*

naro [S] erzählen (poet.); *naróbe,* er erzählt; verg. *narne;* → *nyar-*

Narqelion [Q] »Verglühen«, Herbst; *Narqelië,* 10. Monat des númenórisch-elbischen Kalenders, vgl. [S] *Narbeleth;* → *nár(e)*, *qelet*

Narvinye [Q] »Neusonnenmonat«, 1. Monat des númenórisch-elbischen Kalenders, vgl. [S] *Narwain* → *nár(e)*

narw *(naru)* [S] rot → *nár(e)*

narwa [Q] feuerrot → *nár(e)*

Narwain [S] »Neusonnenmonat«, vgl. [Q] *Narvinye*

nass [S] Spitze, Ecke, Kante → *nasse*

nasse [Q] Stachel, Dorn; urelb. NAS-, Spitze: [Q] *nasta-*, stechen; [S] *nass*, Spitze; *nasta*, stechen, stoßen, zeigen; *naith*, Keil.

nasta [S] stechen, stoßen, spießen
nasta- [Q] stechen, stacheln → *nasse*
nat [Q] Ding, vgl. *na-*
nath [S] Gewebe, Netz
nathron [S] Weber
natse [Q] Gewebe, Netz
nauca [Q] gestutzt, nicht vollwüchsig; *Nauco*, Zwerg (Spottname)
naud [S] gebunden → *núte*
naug [S] kurz gestutzt; pl. *Naugrim*, die Zwerge (nicht im sg. und nicht in deren Beisein; sonst *nogoth*)
naule [Q] Wolfsgeheul → *ngauro*
naur [S] Feuer, Flamme → *nár(e)*
nause [Q] Vorstellung, Gedanke → *noa*
nauta [Q] gebunden, verpflichtet → *núte*
nautha [S] erdenken, ersinnen → *noa*
nauth [S] Gedanke → *noa*
náva [Q] hohl (Übersetzung von [S] *nov*: [S] *Nogrod*, »Hohlburg«, [Q] *Návarote*)
na vedui! [S] endlich!
naw [S] Idee, Vorstellung, pl. *nui*; → *noa*

nawag [S] Zwerg, pl. *neweig;* auch *naugol,*
pl. *nauglin, naugrim* (Ma. von Doriath)

ndengin [S] die Erschlagenen, Getöteten,
sg. *ndangen* (?); z. B. *Haudh-en-Ndengin,* Hügel
der Erschlagenen; → *degi*

-(n)dil [Q] Endung von Personennamen; Bedeutung: »Freund von ...« (z. B. *Elendil, Amandil,
Earnil*) → *nildo*

-(n)dur [Q] Endung von Personennamen; Bedeutung: »Diener von ...« (z. B. *Arandur,* Königsdiener, Minister)

neder [S] neun

nedh- [S] mittel- (Präfix) → *ende*

nedhw [S] Polster, Kissen

nef [S] diesseits von ... (*nef aear,* diesseits des Mee-
res)

negro [S] schmerzen (intransitiv) → *nac-*

neithan [S] gekränkt, beraubt

nel- [S] drei- (Präfix) → *nelde*

nêl [S] Zahn, pl. *neleg*

nelde [Q] drei; urelb. NEL-: [Q] *neltil,* Dreieck;
[S] *neledh,* drei; *nel-* (Präfix); *nelthil,* Dreieck;
neldor, (dreistämmige) Buche.

neldor [S] Buche (dreistämmig; sonst *breth* oder
fêr), → *nelde*

neledh *(neled)* [S] drei → *nelde*

nelet [Q] Zahn, pl. *nelci*

nell [S] Glocke

nelle [Q] Bach → *nén*

nelthil [S] Dreieck → *nelde, tilde*

neltil [Q] Dreieck, pl. *neltildi*; → *nelde, tilde*

nem(b) [S] Nase

nen [S] Wasser, pl. *nîn*; → *nén*

> **nén** [Q] Wasser; urelb. NEN-: [Q] *nelle*, Bach;
> *nende*, Teich; *nenda*, wäßrig; [S] *nen*, Wasser;
> *nend*, wässrig; z. B. [Q] *Cuiviénen*, »Wasser
> des Erwachens«; *Nenya* (der Ring des Was-
> sers); [S] *Nenuial*, »Zwielichtsee«.

nenda [Q] wässrig → *nén*

nende [Q] Quelle → *nén*

nengwe [Q] Nase, pl. *nengwi*; *nengwea*, nasal

Nénime [Q] »Wassermonat«, 2. Monat des
    númenórisch-elbischen Kalenders,
    vgl. [S] *Ninui*; → *nén*

nér [Q] (erwachsener) Mann, pl. *néri*

nerte [Q] neun

nése *(nesse)* [Q] Jugend → *nessa*

> **nessa** [Q] jung; urelb. NETH-: [Q] *Nessa* (jugend-
> liche Göttin); *nése*, Jugend; *nessima*, jugend-
> lich; [S] *neth*, jung; *nîth*, Jugend.

neth [S] jung → *nessa*

neuma [Q] Falle

neuna [Q] als Zweiter, zweitens

neuro [Q] Nachfolger

nev [S] hier, hinnen (Nevrast, die »Hinnenküste«)

nganda- [Q] harfen → *ngande*

ngandaro [Q] Harfner → *ngande*

> **ngande** [Q] Harfe; urelb. NGAN-, NGANAD-,
> ein Saiteninstrument spielen: [Q] *ngandelle*,
> kleine Harfe; *ngandele*, Harfenspiel, *nganda-*,
> harfen; *ngandaro*, Harfner; [S] *gandel*, Harfe;
> *gannado*, harfen; *talagand*, Harfner.

ngandele [Q] Harfenspiel → *ngande*

ngarmo *(narmo)* [Q] Wolf

> **ngauro** [Q] Werwolf; urelb NGAW-, heulen;
> [Q] *naule*, Wolfsgeheul; [S] *gaur*, Werwolf;
> *gaul*, Wolfsgeheul; *gaw-* heulen.

ngoldo *(ngolmo, noldo)* [Q] Noldo (einer vom Volk
der »Gelehrten«); das Tengwa **ccɪ** (ng, n);
→ *ngolwe*

> **ngolwe** *(ngóle)* [Q] Weisheit, Geheimwissen;
> urelb. NGOL-: [Q] *ngóla*, klug, gelehrt; *ngoldo*,
> Gelehrter; *ingóle*, Geheimwissen, Magie;
> [S] *golw* (poet.), Kunde; *goll*, klug; *gollor*,
> Magier; *golodh*, Noldo; *gûl*, Magie.

ni [Q] ich; vgl. auch -*nye*

ni [S] bestimmter Artikel, Dativ sg.; Genitiv
pl. *nia* (?)

ní [Q] Weib (arch.) → *nis*

niben [S] klein, geschrumpft, heruntergekommen,
pl. *nibin*

nîd [S] tränenfeucht → *níre*

niëninqe [Q] »weiße Träne«, Schneeflocke → *niqe*,
níre

nîf [S] Vorderseite, Gesicht

nifred [S] Blässe, Furcht; *nifredil*, Schneeglöckchen; → *niqe*

nildo *(nilmo)* [Q] Freund, f. *nilde*; urelb. (N)DIL-:
[Q] *nilda*, freundlich; *nilme*, Freundschaft; in
Namen als Suffix -*(n)dil* z. B. *Elendil*, Elben-
freund (wörtlich: »Sternenfreund«).

nille [Q] Silberschimmer

nilme [Q] Freundschaft → *nildo*

nim(p) [S] weiß, hell → *niqe*

nimmid [S] weiß färben, weißen, 1. ps. verg. *nim-
mint*; → *niqe*

nimred *(nimpred)* [S] Blässe → *niqe*

nin [Q, S] ❶ [Q] mir (Dativ von *ni*) ❷ [S] mich
(Akkusativ von *im*, ich)

nîn [S] ❶ Träne; ❷ Wasserland, Sumpf; → *níre*

ninde [Q] schlank, schmächtig

ninglo [S] Schwertlilie

nínim [S] Schneeflocke → *níre*

ninn [S] schlank, schmächtig

ninniach [S] Regenbogen

ninqe [Q] bleich, kühl, weiß; *ninqisse*, Weiß;
→ *niqe*

ninqita- [Q] weiß leuchten; *ninqitá-*, weiß färben;
→ *niqe*

Ninui [S] »Feuchtmonat«, 2. Monat des númenóri-
schen Kalenders, vgl. [Q] *Nénime*

> **niqe** [Q] Schnee, Kälte; urelb. NIK-W-, kalt sein
> (Wetter); [Q] *niqe*, es ist kalt; *ninqe*, kalt,
> bleich; *nixe*, Frost; *niqesse*, Eisblume; *niënin-
> qe*, Schneeflocke; *ninqisse*, Weiß; *ninqita-*,
> weiß leuchten; *ninqitá-*, weiß färben; [S] *nim*,
> weiß, hell; *nifred*, Blässe; *nimmid*, weißen;
> z. B. [Q] *Taniqetil*, »hoher weißer Gipfel«;
> [S] *nifredil*, Schneeglöckchen; *nimrais*, weiße
> Berggipfel (sg. *nimras*).

niqesse *(niqis)* [Q] Eisblume → *niqe*

nîr [S] Tränenfluß, Weinen → *níre*

> **níre** *(nië)* [Q] Träne; urelb. NEI-: [Q] *niëninqe*,
> Schneeflocke; *níte*, feucht, betaut, [S] *nîr*, Wei-
> nen; *nîn*, Träne; *ninim*, Schneeflocke; *nîd*, trä-
> nenfeucht; *nirnaeth*, Klage; z. B. [Q] *Niënna*,

(die Trauergöttin); [S] *Niënor*, »die Tränenreiche«.

nirnaeth [S] Klage
nirwa [Q] Polster, Kissen

nis *(nisse)* [Q] (erwachsene elbische) Frau, pl. *nissi*; urelb. INI-, NI-: [Q] *inya*, weiblich; *ní* (arch.), Weib; [S] *dî*, Dame, Braut; *inw*, weiblich.

nísim [Q] duftend, wohlriechend
níte [Q] feucht, betaut → *níre*
nîth [S] Jugend → *nessa*
nivon [S] Westen
nivra [S] entgegentreten, vorgehen
nixe [Q] Frost → *niqe*
-(n)na [Q] Suffix: »zu ... hin« (z. B. *elenna*, »sternwärts«; *romenna*, »nach Osten hin«)
no [Q] unter → *núme-*
no *(nu)* [S] unter → *núme-*

noa *(nó)* [Q] Idee, pl. *nówi*; urelb. NOWO-, denken, Vorstellungen bilden: [Q] *nause*, Vorstellung; [S] *naw*, Idee; *nauth*, Gedanke; *nautha*, erdenken, ersinnen.

noedia [S] zählen → *not-*
noer [S] traurig, beklagenswert → *naina-*

nogoth [S] Zwerg, pl. *noegyth*, *nogothrim*
(respektvoller als *naugrim*)

noire [Q] Grab (*Noirinan*, »Tal der Grabstätten«)

nóla [Q] Hügelkuppe, Buckel

noldo [Q] gelehrt, klug, Noldo → *ngolwe*

nordh [S] Schnur

nóre [Q] ❶ Land, Wohngebiet; urelb. NDOR-,
wohnen bleiben, verweilen; vermischt mit
[Q] *nóre*, Volk (von ONO-, zeugen); [S] *dor*,
Land; *dortho*-, wohnen, siedeln; z. B. [Q] *Vali-nóre*, Land der Valar; [S] *Gondor*, »Steinland«.
❷ Volk, Rasse; [Q] *nosse*, Sippe, Familie,
»Haus«; *onta*-, zeugen; *ontaro*, Erzeuger;
onna, Kreatur; *ontani*, Eltern; *onóro*, Bruder;
onóne, Schwester; [S] *nûr*, Rasse; *noss*, Sippe;
ed-onna, zeugen; *odhril*, Erzeuger; *ûn*, Krea-tur; z. B. [S] *Nos Finrod*, das »Haus« Finrod.

norn [S] verwickelt, verknotet

norna [Q] steif, zäh

norno [Q] Eiche

norsa [Q] Riese

Nórui [S] »Sonnenmonat«, der 6. des númenórisch-elbischen Kalenders, vgl. [Q] *Nárië*; → *nár(e)*

noss [S] Sippe, Hausvolk → *nóre*²

nosse [Q] Sippe, Hausvolk → *nóre*²

nostari [Q] Eltern (*A vanimar, vanimálion nosta-*

ri! – »O ihr Schönen, Eltern von schönen Kindern!«) → *nóre*[2]

not- [Q] rechnen; urelb. NOT-: [Q] *onot-*, aufzählen, addieren; *nóte*, Zahl; [S] *gonod-*, aufzählen, addieren; *noedia*, zählen; *gwanod*, Zählung, Zahl; *arnoediad*, unzählig.

nóte [Q] Zahl; *nótecenta*, Zahlenkunde, Mathematik; *nótengolmo*, Mathematiker → *not-*

nov [S] hohl

nu [S] unter (*Mar-nu-Falmar*, das »Land unter den Wellen«); mit Artikel *nui(n)*: *nuin giliath*, »unter den Sternen«; → *núme-*

nud- [S] binden; *nûd*, Band; → *núte*

nuhta- [Q] unterbrechen, stutzen, nicht fertigwerden lassen

nulla *(nulda)* [Q] dunkel, dämmrig; geheim

núme- [Q] niedergehen; urelb. NDU-, unten, nieder, hinab: [Q] *no*, unter (Präposition); *núra*, tief; *nún*, hinab; *númen*, Westen; *andúne*, Sonnenuntergang; [S] *dûn*, *annûn*, Westen; *nu*, unter; z. B. [Q] *Númenóre*; [S] *Henneth Annûn*, »Westfenster«.

númen [Q] Westen; das Tengwa ᴖᴖ (n); *númenya*, westlich; → *núme-*

nún [Q] hinab, hinunter → *núme-*

nunticse [Q] diakritisches Zeichen, Punkt unter der Schriftzeile für einen schwach artikulierten Vokal; → *núme-*, *ticse*

nuqerna [Q] umgestülpt, auf den Kopf gestellt

nûr [S] ❶ Rasse, Volk → *nóre;* ❷ tief → *núme-*

núra [Q] tief → *núme-*

nurtale [Q] Verhüllung

> **nuru** [Q] Tod; urelb. NGUR-; *Nuru,* Beiname des Vala Mandos; [S] *gûr, guruth,* Tod (als Zustand; sonst *gwanw*).

> **núte** [Q] Knoten, Bindung; urelb. NUT-: [Q] *nutin,* ich binde; *nauta,* gebunden, verpflichtet; [S] *nûd,* Band; *nud-,* binden; *naud,* gebunden.

nut- [Q] binden; *nutin,* ich binde; → *núte*

nwalca [Q] grausam → *qalme*

nwalme *(ngwalme)* [Q] Qual; das Tengwa ㄈ (nw); → *qalme*

nwalya- [Q] quälen, foltern → *qalme*

-nya [Q] besitzanzeigendes Suffix 1. ps. sg.: mein, pl. -nyar *(hildinyar,* meine Erben)

nyano [Q] Ratte

> **nyár-** [Q] erzählen, berichten; urelb. NAR^2-: [Q] *nyáre, nyarna,* Erzählung, Geschichte,

> Saga; *lúmenyáre*, historische Erzählung;
> [S] *naro*, erzählen; *trenarn*, Bericht, Erzählung;
> *narn*, Geschichte, Saga. z. B. *Narn i Hîn
> Húrin*, die Erzählung von Húrins Kindern.

nyarna *(nyáre)* [Q] Erzählung, Saga → *nyar-*
-nye [?] Suffix für die 1. ps. in Verben
nyelle [Q] Glocke
nyello [Q] Sänger

O

o [S] um, von, betreffend; urelb. OS-, ringsum:
vor Vokal ein *h* zu ergänzen: [S] *o Hedhil*, die
Elben betreffend; *os-* (Präfix), herum, z. B.
esgeri, amputieren (3. ps. sg. *osgar*); *ost*, Festung; *othrond*, Höhlenstadt; [Q] *osto* (mauerumgebene) Stadt; *au-*, fort-, ent-; *on-*, von, aus;
z. B. [S] *Fornost*, [Q] *Formenos*, nördliche Festung.

-o [Q] Suffix für den Gen. partitivus sg.: z. B. *róma
Oromeo*, ein Horn, das von Orome stammt
ó- [Q] zusammen-, mit- (Präfix); z. B. *o-mentie*,
Zusammentreffen; *ónoni*, Zwillinge
oa [Q] fort-, vgl. *au-*

Oareldi *(Aureldi)* [Q] die nach Aman gegangenen Elben, vgl. *Heceldi*

odhril [S] Eltern, Erzeuger, sg. *odhron*; → *onta-*

odo(g) [S] sieben

oeil *(eil)* [S] es regnet → *ulya-*

ofr *(ovr, ovor)* [S] reichlich → *úve*

> **ohta** [Q] Krieg; urelb. KOTH-, streiten, und OKTA-, Krieg: [Q] *ohtatyaro*, Krieger; *costa-*, streiten; *cotumo*, Feind; *cotya*, feindlich; [S] *auth*, Krieg; *cost*, streiten; *coth*, Feindschaft, Feind; z. B. [S] *Morgoth*, »dunkler Feind«.

ohtatyaro [Q] Krieger → *ohta, cárië*

> **oi** [Q] immer; urelb. OY-: [Q] *oia*, dauernd, immerwährend; *oio, oira*, ewig; *oire*, Dauer, Ewigkeit; [S] *uir*, Ewigkeit; *uireb*, ewig; z. B. [Q] *Oiolosse*, der »Ewigweiße« (Gipfel), [S] *Amon Uilos*.

oiale [Q] für immer, ewiglich (adv.) → *oi*

oiencarme *(Eruo)* [Q] Erus ewiges Schaffen

oire *(aire)* [Q] Dauer, Ewigkeit → *oi*

ôl [S] Traum, pl. *elei*; → *olo(s)*

ola- [Q] träumen → *olo(s)*

olassië [Q] Laub → *ó, lasse*

olo(s) *(olor)* [Q] Gesicht, Vision, Traum, Vorstellung, pl. *olozi (olori)*; urelb. OLOS-: [Q] *ola-*, träumen; *olosta*, träumerisch; *lóre*, Schlaf; [S] *ôl*, Traum; *oltha*, träumen; z. B. *Olórin*

olos(se) [Q] Schnee (poet.) → *losse*
olosta [Q] träumerisch → *olo(s)*
oltha [S] träumen → *olo(s)*
olva [Q] im Boden verhaftetes Lebewesen, Pflanze
olwa [Q] Zweig

óma [Q] Stimme; urelb. OM-: [Q] *óman*, Vokal, pl. *omandi*; Instrumental pl.: *ómainen*, (*i cárir qettar ómainen*, »die mit Stimmen Worte bilden«).

ómatehta [?] Vokalzeichen in der feanorischen Schrift → *óma, tengwe*
omentië [Q] Begegnung, Zusammentreffen (*Elen síla lúmenn'omentiëlvo*, »ein Stern scheint auf die Stunde unserer Begegnung«) → *ó-, men*
-on [Q] von, aus, Endung des Genitiv partitivus pl.; z. B. *Silmarillion*, »von den Silmaril«.

ondo [Q] Stein; urelb. GONOD-, GONDO-: [S] *gonn, gond*, großer Stein, Felsen; *Gonhirrim*, »Steinherren« (die Zwerge); z. B. *Gondolin*, »im Stein verborgen«; *Gondor*, »Steinland«.

O

onna [Q] Kreatur, Geschöpf → *onta-*

onod [S] Ent, pl. *enyd, onodrim*

onóne [Q] Schwester → *ó, onta*

ónoni [Q] Zwillinge; adj. *onona,* »zwillingsgeboren« → *ó, onta-*

onóro [Q] Bruder → *ó, onta*

onot- [Q] zusammenzählen, addieren → *ó, not-*

---

onta- [Q] zeugen, erschaffen, verg. *óne, ontane;* urelb. ONO-: [Q] *onna,* Geschöpf; *ontaro,* Erzeuger, Vater; *ontani,* Eltern; [S] *ed-onna,* zeugen; *ûn,* Geschöpf; *odhril,* Eltern.

---

ontani [Q] Eltern; *ontaro,* Vater; *ontare,* Mutter → *onta-*

opele [Q] umzäuntes oder ummauertes Haus oder Dorf → *peler*

or- [S] Tag (Präfix zu Wochentagsnamen)

or [Q, S] über (Präposition); *or-* (Präfix) → *óre*

Oraeron [S] »Meerestag«, 7. der númenórisch-elbischen Woche, vgl. [Q] *Earenya,* → *óre, ear*

Oranor [S] »Sonnentag«, 2. der númenórisch-elbischen Woche, vgl. [Q] *Anarya;* → *óre, nár(e)*

Orbelain [S] »Göttertag«, 6. der númenórisch-elbischen Woche, vgl. [Q] *Valanya;* → *óre, vala*

orch [S] Ork, pl. *yrch, orchoth*

orchall *(orchel)* [S] überlegen, überragend → *óre*

orco [Q] Ork, pl. *orqi, orqor;* (auch *urco,* pl. *urqi*)

óre [Q] ❶ Aufgang, Erhebung; urelb. OR-, RO-, ÓROT, hoch, erhaben, aufsteigen: [Q] *orta-*, steigen, anheben; *oro, hoch; oron,* Berg; *orne,* Baum; *anaróre,* Sonnenaufgang; [S] *or,* über; *ortho,* erheben; *erio,* steigen; *orod,* Berg; *orn,* Baum; ❷ Herz, Gemüt; das Tengwa ↻ (r).

Orgaladh [S] »Baumtag«, 4. der númenórisch-elbischen Woche; ältere Form: *Orgaladhad,* »(Zwei-Bäume-Tag«); vgl. [Q] *Aldúya;* → *óre*

Orgilion [S] »Sterntag«, 1. der númenórisch-elbischen Woche, vgl. [Q] *Elenya;* → *óre, ilma*

Orithil [S] »Mondtag«, 3. der númenórisch-elbischen Woche, vgl. [Q] *Isilya;* → *óre, Isil*

orme [Q] Gewalt, Wut, Hast; urelb. GOR-: [Q] *orna,* hastig; [S] *gorf,* Wucht, Stärke; *gorn,* wuchtig, stürmisch.

Ormenel [S] »Himmelstag«, 5. der númenórisch-elbischen Woche, vgl. [Q] *Menelya;* → *óre, men*

orn [S] Baum (besonders Buche), pl. *yrn;* in der Ma. von Doriath Suffix -*orn* für alle höheren Bäume, z. B. *regorn für eregdos,* Stechpalme

orne [Q] Baum (hoher, alleinstehender, sonst *alda*)

orod [S] Berg, pl. *ered, ereid; orodrim,* Bergkette; → *oron*

orodben [S] Bergsteiger, pl. *orodbin* → *oron, qén*

orofarne [Q] gebirgsbewohnend → *oron*

> **oron** [Q] Berg, pl. *oronti*; urelb. OR/RO-, OROT:
> [Q] *orto*, Berggipfel; [S] *orod*, Berg; *ortho*, erheben; *orodben*, Bergsteiger; z. B. [Q] *Lúnoronti*,
> die Blauen Berge; [S] *Orodruin*, Feuerberg; → *óre*.

orta- [Q] steigen, sich erheben; *ortani*, erhoben;
 ortane, er hat (sich) erhoben; → *óre*

ortheli [S] Dach, Schirm; *orthelian*, Baldachin;
 → *telda*

ortheri [S] bemeistern; *orthor*, er bemeistert → *túre*

ortho [S] erheben; *orthant*, ich erhob; → *óre*

orto [Q] Berggipfel → *óre*

os- [S] herum (Präfix) → *o*

osanwe centa [Q] Gedankenübertragung

oselle [Q] Schwester, nicht blutsverwandte Stammesgenossin, pl. *oselli*; (sonst *onóne*) → *ó, seler*

osp [S] Rauch

> **osse** [Q] Schrecken; urelb. GOS-, GOTH-,
> Furcht, Grauen: [S] *gosta-*, übermäßig fürchten; *gost*, Grauen, Schrecken; z. B. *Gothmog*.

Ossiriand [S] »Land der sieben Flüsse«, vgl. *otso*

ost [S] Burg, Festung → *o*

osto [Q] mauerumgebene Stadt, Festung → *o*

othlon(d) [S] (gepflasterte Stadt-)Straße → *o, londe*

othrond [S] Höhlenfestung → *o, rondo*

otorno [Q] Schwurbruder, pl. *otorni; otornasse,*
Bruderschaft (von nicht Blutsverwandten); → *ó,*
toron

Otselen [Q] Siebengestirn, Großer Bär, auch *Vala-*
circa; → *elen*

otso [Q] sieben

ovras [S] Menge, Schar, viele → *úve*

ovro [S] reichlich vorhanden sein → *úve*

P p

palan [Q, S] weit, fern (adv.) → *palla*

palan-diriel [S] »in die Ferne blickend« (poet.);
palan-díriël, »in die Ferne geblickt habend«
(part. verg.); → *tir-*

palantir [Q] weitsehend; pl. *palantíri* → *palla,* tir-

palath [S] Oberfläche, Boden → *palla*

> **palla** [Q] weit, ausgedehnt; urelb. PAL-:
> [Q] *palu-, palya-,* sich ausbreiten, dehnen,
> erstrecken; *palme,* Oberfläche; *palúre,* Boden-
> fläche; *palan,* weit, fern (adv.); [S] *pelio,* sich
> erstrecken; *palath,* Oberfläche; *palan,* weit;
> z. B. [Q] *Palúriën* (Beiname Yavannas); *palan-*
> *tir;* [S] *palandíriel,* »weit geblickt habend«.

palme [Q] Oberfläche → *palla*

palpa- [Q] schlagen, hauen

palu- *(palya-)* [Q] sich ausbreiten, dehnen, erstrecken → *palla*

palúre [Q] Bodenfläche, »Busen der Erde« → *palla*

pân [S] Brett, pl. *pein* → *panya-*

panas [S] Fußboden → *panya-*

panda [Q] Einfriedung, Gehege

pann [S] breit

panno [S] sich öffnen, weiten → *qanta*

pannod *(pathro)* [S] füllen → *qanta*

pano [Q] bearbeitetes Holz, Brett → *panya-*

pant [S] voll → *qanta*

panta [Q] offen (fällt mit *qanta*, voll, zusammen); *panta-*, sich entfalten, öffnen; → *qanta*

---

panya- [Q] herrichten, zimmern; urelb. PAN-: [Q] *pano*, Brett; *ampano*, Hütte; [S] *penio*, zimmern; *pân*, Brett; *panas*, (Dielen-)Fußboden.

---

parca [Q] trocken

parch [S] trocken

parf [S] Buch, pl. *perf*

parma [Q] Buch; das Tengwa ᴘ (p); *parmalambe*, Buchsprache (Quenya); *parmatéma*, die Spalte der Labiale in der Tengwar-Tafel

parth [S] Wiese, ebenes Grasland (*Parth Galen*, die »Grüne Wiese«)

pasta [Q] glatt

path [S] glatt, eben; *pathw*, Rasen
pathred [S] Fülle → *qanta*
paur [S] Faust; als Suffix *-bor*, z. B. *Celebrimbor*, »Silberfaust«
paw [S] Krankheit
pé [Q] Mund
pedo [S] sagen, sprechen (*pedo mellon*, »sag ›Freund‹!«); → *qet-*
peg [S] Fleck, Punkt
peich [S] Saft, Sirup
pel [S] umzäuntes Feld → *pel*

> **pel-** [Q] sich um eine Achse drehen; urelb. PEL-, ringsum: [Q] *peltas*, Achse; *peler*, umzäuntes Feld; *opele*, befestigtes Haus oder Dorf; [S] *pel*, pl. *peli*, umzäuntes Feld; *pelthaes*, Achse; *gobel*, befestigtes Haus oder Dorf; *ephel*, Außenzaun; z. B. [Q] *Pelóri*, »die umfrieden-den Höhen«; [S] *Pelennor*, »das umhegte Land«; *Ephel Dúath*, »Schattenwall«.

P

peler [Q] umzäuntes Feld → *pel-*
pelio [S] sich ausbreiten → *palla*
pella [Q] jenseits von, hinter (*Andúne pella*, »jenseits des Westens«, im fernsten Westen); → *pel-*
peltas [Q] Achse, pl. *peltacsi*; *pel-*, *taca-*
pelthaes [S] Achse → *pel-*, *taca-*
pen- *(pet-)* [S] sagen, sprechen → *qet-*

pend *(penn)* [S] Gefälle → *pende*

penda [Q] abfallend, bergab → *pende*

> **pende** [Q] Abhang, Gefälle; urelb. PEN-,
> PENED-: [Q] *ampende*, bergauf; *penda*, bergab;
> [S] *pend*, Gefälle; *ambenn*, bergauf; *dadbenn*,
> bergab; *pendrad*, Auf- oder Abstieg, Treppe.

pendrad *(pendrath)* [S] Auf- oder Abstieg, Treppe
→ *pende*

penedh [S] Elb, pl. *penidh* (gewöhnlich: *eledh*);
→ *qende*

peng [S] Bogen (Schußwaffe)

penio [S] herrichten, zimmern → *panya-*

penna [S] es fällt schräg ab, 3. ps. sg. von *pendo* (?)
→ *pende*

pennas [S] Geschichte, Historie → *qet-*

penninar [S] letzter Tag des Jahres, vgl. [Q] *qantiën*
→ *qanta, yén*

pent [S] Erzählung → *qet-*

per [S] halb

perian *(pherian)* [S] Halbling, Hobbit, pl. *periain*,
periannath

peredhel *(perelda)* [S] Halbelb

perya- *(perina)* [Q] halbieren

pesseg [S] Kissen

peth *(beth)* [S] Wort → *qet-*

pethron [S] Erzähler → *qet-*

phain s. *fain*

pharóbe s. *faróbe*

pica [Q] abnehmen, schwinden; *picala*, schwindend

pichen [S] saftig

picinauco [Q] Kleinzwerg (Übersetzung von [S] *nogoth niben*); auch *pitya-nauco*

pigen [S] winzig, klein

pilin [Q] Pfeil, pl. *pilindi*

pinn [S] Hang, pl. *pein, pinnath*

pirya [Q] Saft, Sirup

piuta- [Q] speien

pôd [S] Fuß (eines Tieres), Pfote, pl. *pŷd*

poica [Q] rein, sauber

polda [Q] stark, stämmig

pore [Q] Mehl

post [S] Rast, Pause, Halt → *putta*

prestannen [S] beeinflußt (von einem Vokal); *prestanneth*, Beeinflussung

presto [S] beeinflussen, ändern, stören

puig [S] rein, ordentlich

puio [S] speien, spucken

punta [Q] Verschlußlaut → *putta*

pusta- [Q] anhalten (intransitiv), aufhören → *putta*

putta [Q] Halt, Punkt (Interpunktion); *pusta-*, anhalten; *punta*, Verschlußlaut; [S] *post*, Pause, Halt.

Q q

qáco [Q] Krähe

qalin [Q] tot → *qalme*

> **qalme** [Q] Todesqual, Tod; urelb. KWAL-,
> NGWAL-; [Q] *qalin*, tot; *nwalme, unqale*, Fol-
> ter, Qual; *valarauco*, Quälgeist; *nwalca*, grau-
> sam; [S] *balch*, grausam; *balrog*, Quälgeist.

qame [Q] Krankheit

> **qanta** [Q] voll; urelb. KWAT: [Q] *qanta-, qat-*, fül-
> len; *panta-*, sich entfalten; *panta*, offen; *aqa*,
> vollständig; [S] *pant*, voll; *pathred*, Fülle; *pan-
> nod*, füllen; ([Q] *Sí man i yulma nin enqantu-
> va?* »Wer wird mir den Becher nachfüllen?«)

qantiën [Q] letzter Tag des Jahres,
　vgl. [S] *penninar*; → *qanta, yén*

qár(e) [Q] Hand, Faust

qat- *(qanta-)* [Q] füllen → *qanta*

> **qelet** [Q] Leichnam, pl. *qeletsi*; urelb. KWEL-,
> verblassen, verdorren: [Q] *Narqelion*, »Feuer-
> Verglühen«, Herbst; *Quelle*, »Verblassen«,
> Spätherbst. [S] *beleth*, Schwund; *Lhasbelin*,
> »Blätter-Verdorren«, Herbst.

Qelle *(Qelië)* [Q] Verblassen, Spätherbst → *qelet*

qen- [Q] sprechen → *qet-*

qén [Q] jemand, m. oder f., pl. *qeni* (aber meist im sg.); urelb. KWET-, PET-: -*qen* (Suffix) z. B. [Q] *ilqen*, jeder; *aiqen*, wenn irgend jemand; *roqen*, (ein) Reiter; *ciryaqen*, (ein) Matrose; *arqen*, (ein) Edelmann; [S] *ben*, jemand; *rochben*, Reiter; *orodben*, Bergsteiger.

qende [Q] Elb, pl. *qendi*; urelb. KWEN(ED); KWET-, PET-: *qendo*, Elb (m.), *qendu*, Elbin (f.), pl. *qendor/qendur*; ursprünglich: *Qendi*, »die Sprechenden« (weil die Elben noch keine anderen sprachfähigen Wesen kannten); [S] *penedh*, Elb.

qenta [Q] Erzählung, Geschichte; *qentale*, Bericht; *qentaro*, Erzähler; z. B. *Qenta Silmarillion*, die Geschichte von den Silmaril; → *qet-*

qesse [Q] Feder; das Tengwa ꡗ (kw); *qesset*, Kissen

qet- *(qen-)* [Q] sagen, sprechen; urelb. KWET-, PET-: [Q] *qetta*, Wort; *qetil*, Zunge, Sprache; *qenta*, Erzählung, *qentale*, Bericht; *lúmeqentale*, Geschichtsschreibung; *eqes*, Ausspruch, Zitat; *avaqet-* verbieten, »nein sagen«;

Q

[S] *beth*, Wort; *pent*, Erzählung; *pennas*, Geschichte; *gobennas*, Historie; *gobenna-thren*, historisch.

qetil [Q] Zunge, Sprache → *qet-*
qetta [Q] Wort → *qet-*
qinga [Q] Bogen (Schußwaffe)

R r

rá [Q] Löwe, pl. *rávi*
ráca [Q] Wolf
rach [S] Fluch (*Narn e' Rach Morgoth*, Geschichte vom Fluch Morgoth')

râd [S] Weg, Bahn, Straße; urelb. RAT-, gehen (verwandt mit [Q] *ranya-*): [S] *rado*, einen Weg finden, bahnen; *ath-rado*, überqueren; *athrad*, Furt; *rath*, Straße, Flußlauf; *-rant*, Endung von Flußnamen, z. B. *Celebrant*, Silberlauf.

rado [S] einen Weg bahnen, finden → *râd*
ragna [Q] krumm
raica [Q] falsch, unredlich
raime [Q] Hatz, Jagd → *roita-*
ram *(rammas)* [S] Wall, Mauer

ráma [Q] Schwinge, Flügel; urelb. RAM-, RAN-:
[S] *rhofal*, pl. *rhofel*, Flügel; *rhenio*, fliegen,
segeln, wandern; z. B. [Q] *Earráme*, »Meeres-
schwinge«; *Landroval*, »weiter Flügel«.

rámalóce [Q] Flügeldrache → *ráma, lóce*

ramba [Q] Wall, Mauer

Rána [Q] der »Bummler«, Mond → *ranya-*

ranco [Q] Arm, pl. *ranqi*

randa [Q] Zyklus, Zeitalter (100 valinorische Jahre)

randir *(rhandir)* [S] Wanderer → *ranya-*

ráne [Q] Wanderschaft, Umherschweifen → *ranya-*

ránen [Q] wandernd, fahrend → *ranya-*

ranga [Q] Schritt (númenórisches Längenmaß:
96,5 cm)

-rant [S] -lauf (als Endung von Flußnamen, z. B.
Celebrant, Adurant; → *ranya-*

R

ranya- [Q] wandern, fahren, umherschweifen;
[Q] *ráne*, Wanderschaft; *ránen*, wandernd;
Rána, Mond; [S] *rhenio*, wandern, *rhaun*, wan-
dernd; *Rhân*, Mond; -rant, -lauf (Endung von
Flußnamen (vgl. auch *râd, rath*); *randir*, Wan-
derer; z. B. *Mithrandir*, der Graue Wanderer.

rásat [Q, S] zwölf

ras [S] Horn, Berggipfel, Kap, pl. *rais*; z. B. *Caradh-ras*, Rothorn; *Ered Nimrais*, die Weißen Gipfel

rasse [Q] Horn (von Tieren), Berggipfel

rast [S] Küste, z. B. [S] *Nevrast*, »diesseitige Küste«

rath [S] Straße, Bahn, Flußbett, z. B. *Rath Dínen*, »Stille Straße«; *Rathlóriel*, »Goldbett« → *râd*

rauco [Q] Dämon

raug *(rog)* [S] Dämon, vgl. *balrog*

rauta [Q] Kupfer (später allgemein für Metall)

ráva [Q] Böschung, Flußufer

-re [Q] Pronominalsuffix 3. ps. sg. f.: sie; Akkusativ *-s*; vgl. *-ro*

ré [Q] Tag (des Sonnenjahrs, von Sonnenuntergang bis Sonnenuntergang)

réd [S] Erbe

redda [S] bestelltes Feld, Acker

rem [S] Netz; *remmen*, verflochten (*o galadhrem-min ennorath*, »aus den baumverrankten Mittellanden«)

rembe [Q] Netz

rempa [Q] gebogen, hakenförmig

-ren [S] Endung von einem Substantiv abgeleiteter adj., z. B. *angren*, eisern; *mithren*, (nebel-)grau; pl. *-rin*

réna [Q] Rand, Grenze

rerya- [Q] säen; *rerin*, ich säe; *rende*, ich säte

rhaen [S] krumm

rhaes *(rhasg)* [S] vgl. *ras*

rham(b) [S] vgl. *ram*

Rhân [S] Mond → *ranya-*

rhanc [S] Arm, pl. *rhengy, rhenc*

rhandir [S] vgl. *randir*

rhaud [S] Metall

rhaudh [S] hohl → *rondo*

rhaug [S] vgl. *raug*

rhaun [S] wandernd, fahrend → *ranya-*

rhaw [S] vgl. *hráve*

rhedi [S] säen

rhein *(rhain)* [S] Rand, Grenze

rhem(b) [S] Menge, Schar, Heer → *rimba*

rhenio [S] fliegen, segeln, wandern → *ráma, ranya-*

rhî [S] Krone; *rhîn*, gekrönt; → *rië*

rhîf [S] Saum, Grenze

rhim(b) [S] kalter Bergsee → *ringe*

rhimp *(rhib, rhimmo)* [S] rasch fließen (Name eines Sturzbachs: *Rhibdath, Rhimdath*)

rhinc [S] Ruck, rasche Bewegung, Trick → *rihta-*

rhind *(rhinn)* [S] Kreis → *rinde*

rhing *(ring)* [S] kalt → *ringe*

rhinn [S] kreisförmig, rund → *rinde*

rhîs [S] Königin → *rië*

rhiss *(rhess)* [S] Schlucht, z. B. *Imladris*, »Talschlucht«, Bruchtal; → *rista-*

rhisto *(rhest)* [S] schneiden, spalten → *rista-*

R

rhitho [S] rucken, zucken, schnappen → *rihta-*

rhîw [S] Winter, vgl. [Q] *hríve*

rhoeg [S] falsch, unredlich

rhoein *(rhein)* [S] Spur, Fährte, Fußtapfen

rhofal [S] Schwinge, Flügel, pl. *rhofel*; → *ráma*

rhom [S] Horn, Trompete; *rhomrhû*, Hörnerschall;
   → *romba*

rhond *(rhonn, rond)* [S] Höhle → *rondo*

rhosc [S] braun

rhoss [S] vgl. *ross*

rhow [S] wild, z. B. *Rhovanion,* Wilderland

rhûn [S] Osten; vgl. auch *amrûn*; → *rómen*

rhui(w) [S] Hatz, Verfolgung → *roita-*

rhŷn [S]Jagdhund → *roita-*

---

rië [Q] Krone; urelb. RIG-: [Q] *riga-*, flechten,
   winden; *rína*, gekrönt; *riël*, bekränztes Mädchen; [S] *rhî*, Krone; *rhîs*, Königin; z. B.
   [Q] *Elerrína*, der »Sternengekrönte« *(Taniqetil); Galadriël*, »lichtbekränzte Jungfrau«.

---

riga- [Q] flechten, winden → *rië*

---

rihta- [Q] rucken, zucken, sich rasch drehen oder
   bewegen; urelb. RIK(H)-: [Q] *rince*, Ruck,
   schnelle Geste; [S] *rhitho*, rucken, zucken,
   schnappen; *rhinc*, Kniff, Ruck.

-ril [Q, S] -glanz, -schimmer (Suffix), z. B. *mithril*, *silmaril*; → *rilma*

rilma [Q] Glitzern; urelb. RIL- (GIL-): [Q] *rilya*, Gleißen, Glanz; *-ril*, -schimmer (Suffix); vgl. *ilma*, *silma*.

rim [S] ❶ Heerschar; *-rim*, Endung des Kollektivplurals, z. B. *Rohirrim*, *Onodrim*, die Ents (Rohirrim) allgemein; → *rimba-*; ❷ Saum, Grenze *(Ma. von Doriath)*, vgl. *rhîf*
ríma [Q] Saum, Grenze

rimba [Q] zahlreich; urelb. RIM-: [Q] *rimbe*, große Anzahl, Heerschar; [S] *rim*, Heer; *-rim*, Endung für den Kollektivplural.

rimbe [Q] große Anzahl, Heerschar → *rimba*
rhimpa [Q] stark strömend, stürzend
rína [Q] gekrönt → *rië*
rince [Q] Ruck, schnelle Bewegung → *rihta-*

rinde [Q] Kreis; urelb. RIN-: [Q] *rinda*, kreisrund; [S] *rhind*, Kreis; *idhrin*, Jahr *(yén)*.

Ringáre [Q] »Kältemonat«, 12. des númenórisch-elbischen Kalenders, vgl. [S] *Girithron*; → *ringe*

ringe [Q] kalt; urelb. RINGI-: [S] *r(h)ing*, kalt; *rhim(b)*, Bergsee; z. B. [S] *Ringil*, »kaltes Glitzern« (Fingolfins Schwert); *Ringló* und *Ring-wil* (zwei kalte Flüsse).

rista [Q] schneiden, spalten, schlitzen; urelb. RIS-: [Q] *rista*, Schnitt; [S] *rhisto*, spalten; *rhiss*, Schlucht; z. B. [S] *Orcrist*, »Orkspalter«, vgl. *cir-*.

-ro [Q] Pronominalsuffix 3. ps. sg. m.: er; Akkusativ *-s*; vgl. *-re*

rocco [Q] Pferd

roch [S] Pferd, pl. *rych(?)*

rochben [S] ein Reiter, pl. *rochbin*

rochon [S] Reiter, z. B. *Rochon Methestel*, »Reiter der letzten Hoffnung«

roina [Q] rötlich

roita- [Q] verfolgen, hetzen; urelb. ROY-: [Q] *raime*, Hatz; *ronyo*, Jagdhund; [S] *rhui(w)*, Hatz; *rhŷn*, Jagdhund.

rom [S] vgl. *rhom*

róma *(romba)* [Q] Horn, Blasinstrument, auch dessen Schall

rómen [Q] Osten; urelb. RO-, ORO- (vgl. *óre*): [Q] *rómenya*, östlich; [S] *rhûn, amrûn*; z. B. [Q] *Rómendacil*, »Ostsieger«; [S] *Rhudaur*, »Ostwald«; *rómen*: das Tengwa 𝕪 (Zungen-r).

róna [Q] ost- → *rómen*

rond *(rhond, rhonn)* [S] Höhle, Kuppeldach
→ *rondo*

> **rondo** [Q] Höhle; urelb. ROD-: [S] *rond*, Kuppel-
> dach; *rhaudh*, hohl; *rosto*, graben, aushöhlen;
> *othrond*, Höhlenfestung; z. B. [S] *Aglarond*,
> *Nargothrond*; [Q, S] *Elrond*, »Sternenkuppel«.

ronyo [Q] Jagdhund → *roita-*

roqen [Q] Reiter → *qén*

ross [S] Regen, Schaum, Sprühregen; z. B. [S] *Dim-
rost*, »Regentreppe«; *Rauros*, »tosender
Schaum«

rosse [Q] Nieselregen, Tau; z. B. *Silmerosse*, »Sil-
berregen«, ein Name Telperions

rosto [S] graben, aushöhlen → *rondo*

Rú [Q] Übersetzung von *Drughu*, vgl. *drûg*; auch
Rúatan, pl. *Rúatani*

rûdh [S] kahl

ruin [S] feuerrot, flammend *(Orodruin)*

runda [Q] Holzkloben, Knüppel

runya [Q] Fährte, Fußtapfen

rúnya [Q] rote Flamme

rûth [S] Zorn *(Aranrûth*, »Königszorn«, Thingols
Schwert)

S s

saer [S] bitter
saew [S] Gift
salab [S] Kraut, pl. *saleb*
salf [S] Suppe, Brühe
salpa- [Q] auflecken, schlürfen
salqe [Q] Gras
samb *(thamb)* [S] Kammer, Raum, pl. *sammath*;
 → *sambe*

> **sambe** [Q] Zimmer, Kammer; urelb. STAB-:
> [Q] *samna*, Pfahl; *samno*, Zimmermann; *cai-
> masan*, Schlafzimmer; [S] *samb*, Kammer,
> Raum; *thafn*, Pfahl; *thavron*, Zimmermann,
> Handwerker; *thamas*, Halle; z. B. [S] *Sammath
> Naur*, die Feuerkammern.

samna [Q] ❶ Pfahl; ❷ Diphtong
samno [Q] Zimmermann, Tischler → *sambe*
sanca [Q] Spalte
sanda [Q] wahr, treu

> **sanga** [Q] Menge, Haufen, Gedränge;
> urelb. STAG-, drücken, zusammendrängen:
> [S] *thang*, Zwang, Not; z. B. [Q] *Sangahyando*,
> »Haufenspalter« (Schwertname);
> [S] *Thangorodrim*, »Berge der Tyrannei«.

sangwa [Q] Gift

sanye [Q] Recht, Gesetz, Regel; *sanya*, regel-, gesetzmäßig, normal

---

sar [Q] kleiner Stein, Kiesel, pl. *sardi*; urelb. SAR-: [Q] *sarna*, steinern; *sarne*, befestigter Platz; [S] *sarn*, Stein-, steinern; z. B. *Sarn Athrad*, Steinfurt.

---

sara [Q] trockenes Gras, Ried

sára [Q] bitter

sarch [S] Grab (Ma. von Doriath); (*Sarch nia Hîn Húrin*, Grab der Kinder Húrins)

sarn *(harn)* [S] Stein-(Material), adj. steinern, pl. *serni*; → *sar*

sarna [Q] steinern; *sarne* (mit steinernen Anlagen) befestigter Platz; → *sar*

---

saura [Q] faulig, überlriechend; urelb. THUS-: [S] *thaw, thaur*, verdorben, faul; *thû*, Gestank; z. B. [Q] *Sauron, Súro*, [S] *Thû, Mor-thu* oder *Gorthaur* (Beinamen Saurons).

---

sautha- [S] austrinken, leeren → *suc-*

sáva [Q] Saft

saw [S] Saft, pl. *sui*

sedryn [S] die Getreuen, sg. *sadron* (?)

sein [S] neu, pl. *sîn* → *sí*

S

sell [S] Maid, Jungfer (poet.), vgl. *iëll*

seler [Q] Schwester, pl. *selli*; urelb. THEL-, THE-LES-: [Q] *oselle*, Stammesgenossin; [S] *thêl*, Schwester; *gwathel*, Stammesgenossin.

senda [Q] ruhig, friedlich → *sére*

sére [Q] Rast, Ruhe, Frieden; urelb. SED-: [Q] *senda*, ruhig; *serin*, ich ruhe; [S] *sîdh*, Friede; z. B. *Este*, die Göttin der Ruhe.

serce [Q] Blut
sereg [S] Blut; *seregon*, »Steinblut« (eine rot blühende Bergpflanze)
serinde [Q] Stickerin
si *(se)* [Q] sie; *-se*, Suffix für 3. ps. f. in der Konjugation der Verben(?); vgl. *su, so*

sí *(sin)* [Q] jetzt; urelb. SI-; dies, hier, jetzt: [Q] *sinome*, hier; *sinya*, neu; [S] *sein*, neu; *siniath*, Neuigkeiten, Nachrichten; *sinnarn*, neue Erzählung.

sicil [Q] Dolch, Messer
sîdh [S] Friede → *sére*
sigil [S] Dolch, Messer
sila- [Q] leuchten, scheinen → *silme*
silevril [S] die Silmaril(li) → *silme, rilma*

silith [S] Silberlicht → *silme*

silivren [S] weiß glitzernd → *silme*

silma [Q] weiß leuchtend → *silme*

silme [Q] Sternenschein; urelb. SIL-, THIL-: [Q] *silma*, weiß leuchtend; [S] *silith*, Silberschein; *thilio*, schimmern, glänzen; z. B. [Q] *Isil*, der Mond; *Silpion*; [S] *Ithil*, *Belthil*; *silme*: das Tengwa ⤸ (s); *silme nuqerna*: das Tengwa ⤹ (umgestülptes s).

sina [Q] diese (-s, -r ?) (*vanda sina* …, dieser Eid)

sinda [Q] Grauelb, pl. *sindar*; *Sindarin*, Grauelbisch; → *sinde*

sinde [Q] grau; urelb. THIN-: [Q] *sinta-*, verblassen, schwinden; *sinye*, Abend; [S] *thind*, grau, blaß; *thintha*, verblassen; *thinna*, Abend.

siniath [S] Neuigkeiten, Nachrichten, → *sí*

sinnarn [S] neue Erzählung → *sí*, *nyar-*

sinome [Q] hier, an dieser Stelle (*sinome maruvan*, hier will ich bleiben)

sinta [Q] kurz

sinta- [Q] verblassen, schwinden, verg. *sintane*; → *sinde*

sinya *(vinya)* [Q] neu → *sí*

sinye [Q] Abend → *sinde*

sir- *(hîr-)* [S] Fluss, Bach; urelb. SIR-: [Q] *síre*, Fluss; *siril*, kleiner Bach; [S] *sirio*, fließen; z. B. [Q] *etsir*, Flussmündung, [S] *ethir (Ethir Anduin)*; *Sirannon*, Torbach.

siril [Q] Rinnsal, Bächlein → *sir-*
sirio [S] fließen → *sir-*
siule [Q] Anstachelung, Anfeuerung
sogo [S] trinken; *sôg*, er trinkt; verg. *sunc, asogant*; → *súc-*
solch [S] (eßbare) Wurzel
solonel [Q] Meerelb, pl. *soloneldi* (die Teleri)
solor [Q] Brandung, Ufer
soron *(sorne)* [Q] Adler, pl. *sorni*, Genitiv sg. *sornen*
soval phare [Q] Gemeinsprache, Westron, vgl. auch *Adúnar, Falathren*
spine [S] Lärche → *finde*
star [S] Vorgebirge *(Forostar, Andustar)*

su *(so)* [Q] er; urelb. -S; -*so*, Suffix für die 3. Pers. sg. m. in der Konjugation der Verben; *si, -se*, f.; [S] *ho*, er; *he*, sie; *ha*, es.

suc- [Q] trinken; urelb. SUK-: [Q] *sucin*, ich trinke; *sungwa*, Trinkgefäß; [S] *sautha-*, austrinken, leeren; *sûth*, Trank; *sogo*, trinken.

suilad [S] Gruß; *suilannad*, grüßen, Begrüßung

suhto [Q] Trank → *suc-*

sûl *(thûl)* [S] Wind, Atem → *súya-*

sulca [Q] (eßbare) Wurzel

súle *(súre)* [Q] Atem, Wind, Geist; das Tengwa $\flat$ (s, th); → *súya-*

Súlime [Q] »Windmonat«, 3. des númenórisch-elbischen Kalenders; vgl. [S] *Gwaeron*; → *súya-*

sunda [Q] Wurzel, Basis, Gebirgsausläufer (z. B. *Tarmasundar*, die Ausläufer des Meneltarma)

sundo [Q] Wurzelsilbe

sungwa [Q] Trinkgefäß → *suc-*

súre *(súle)* [Q] Sturm, Wind (*lantar lassi súrinen*, die Blätter fallen im Wind); → *súya-*

surya [Q] Reibelaut, Spirant

sûth [S] Trank → *suc-*

---

súya- [Q] atmen, hauchen; urelb. THU-, blasen, wehen: [Q] *súle*, Atem; [S] *thuio*, atmen; *thûl (sûl)*, Atem, Wind; z. B. [Q] *Súlimo* (Beiname Manwes als Windgott); [S] *Amon Sûl*, »Windberg« (Wetterspitze).

S

T t

ta [Q] jenes, es; *ta ... tana*, dieses ... jenes

> **taca-** [Q] befestigen; urelb. TAK-: [Q] *tace*, er
> befestigt, verg. *tance*; *tancil*, Spange; *peltas*,
> Achse; *tacse*, Nagel; *tangwa*, Krampe, Klam-
> mer; *ataqe*, Haus, Gebäude; [S] *taetho*, befesti-
> gen; *tanc*, fest; *tangado*, verbindlich machen,
> bestätigen; *tachl*, Spange; *taes*, Nagel; *pel-
> thaes*, Achse; *taew*, Krampe, Halterung; *adab*,
> Gebäude, Haus.

tachl *(tachol)* [S] Spange → *taca-*
tacse [Q] Nagel → *taca-*
tâd *(tad, ad)* [S] zwei; *tadol*, doppelt; → *atta*, *tatya-*
tad-dail [S] zweibeinig → *tatya-*, *tál*
taen [S] lang (und dünn)
taer [S] gerade, vgl. *téma*
taetho [S] befestigen → *taca-*
taew [S] Krampe, Haspe, Klammer
tafr *(tavor)* [S] Specht → *tamba-*
taita- [Q] ausweiten, verlängern
taile [Q] Erweiterung, Verlängerung
taig [S] tief
taina [Q] verlängert, erweitert (Partizip von *taita-*)

tál [Q] Fuß, Genitiv sg. *talen*; urelb. TAL-, TALAM-: [Q] *talan*, Boden; *talma*, Grundlage, Basis, Wurzel; *tallune*, Fußsohle; [S] *tâl*, Fuß; *talaf*, Boden; *tellein*, Sohle.

tâl [S] Fuß, pl. *teil* → *tál*

-tal [S] »unteres (hinteres) Ende von …« in Zusammensetzungen, z. B. *Ramdal*, »Ende des Walls; → *tál*

talad [S] Abhang, Gefälle → *talta-*

talaf [S] Boden, Grund, ebene Fläche, pl. *teleif*; → *tál*

talagand [S] Harfner (Eigenname) → *tyalië, ngande*

talan [Q] Boden, Plattform, pl. *talami*; → *tál*

talath [S] Tal, Ebene (*Talath Dirnen*, die »Bewachte Ebene«)

tallune [Q] Fußsohle → *tál*

talma [Q] Grundlage, Wurzel → *tál*

talt [S] abgleitend, fallend, instabil → *talta-*

talta- [Q] geneigt, abschüssig sein; urelb. TALAT-: [Q] *talta*, Abhang, abschüssig, schräg (adj.); *atalta-*, einstürzen; [S] *atlanno*, abfallen; *atland*, abschüssig; *atlant*, schräg; *talad*, Abhang; z. B. [Q] *Atalante* (Númenor); vgl. *lanta-*.

tamba- [Q] klopfen; urelb. TAM-: [Q] *tamin*, ich klopfe, verg. *tamne*; *tambaro*, Specht; [S] *tamno*, klopfen; *tafr*, Specht.

tamno [S] klopfen → *tamba-*

tana- [Q] zeigen, hinweisen

tampa [Q] Stöpsel

tanc [S] fest → *taca-*

tanca [Q] fest, gesichert → *taca-*

tancil [Q] Spange → *taca-*

tang [S] Bogensehne

tangado [S] verbindlich machen, bestätigen → *taca-*

tangwa [Q] Krampe, Klammer, Haspe → *taca-*

tanna [Q] Zeichen; vgl. *tengwe*

tano [Q] Handwerker, Schmied; urelb. TAN-, schaffen, bilden: [Q] *centano*, Töpfer; *tanwe*, Werk, Erzeugnis; [S] *-dan*, Macher, Schöpfer; *cennan*, Töpfer; z. B. [Q] *Martano*, »Erd-schmied« (Aule); [S] *Círdan*, Schiffbauer.

tanta [Q] doppelt → *tatya-*

tanwe [Q] Werk, Gebilde, Handarbeit → *tano*

tápa- [Q] innehalten, aufhören: *tápe*, er hört auf, verg. *tampe*

tar [Q] dorthin

tara [S] starr, steif → *tarya*

tára [Q] hoch, erhaben; urelb. TA-, TAH-: [Q] *Tar*-, Titel der höchsten Stammeskönige, z. B. von Númenor (für Gebietsfürsten: *aran*), pl. *tári*, -*tári*, Suffix der Namen königlicher Frauen, z. B. *Elentári* (Varda), *Cementári* (Yavanna); [S] *taur*, König (arch.), hoch, edel; *Tor*-, -*dor*, in Namen; z. B. *Tor Thingol*, König Thingol, vgl. *taur*, *túre*.

tarcil [Q] »Hochmensch«, Númenórer → *tára*

Tareldar [Q] Hochelben, auch *Tarqendi* → *tára*

tarlanc [S] halsstarrig, stur → *tarya*

tarma [Q] Pfeiler, Säule (z. B. *Meneltarma*, »Himmelspfeiler«); → *tára*

tarn [S] Bergsee *(Tarn Aeluin)*

tars *(tass)* [S] Mühe, Arbeit

tarya [Q] zäh, steif; urelb. TÁRAG-: [S] *tara*, *tarstarr*, steif; *tarias*, Härte; *tarlanc*, halsstarrig; z. B. Tarlancs Hals.

tasar(e) [Q] Weidenbaum (*Nan-tasarion*, Tal der Weidenbäume)

tathar *(tathor)* [S] Weidenbaum; *tathren* (adj.) (*Nan-tathren*, Weidenbaumtal)

tatya- [Q] verdoppeln, wiederholen; urelb. TAT-, ATA-: [Q] *tanta*, doppelt; *atta*, zwei; *tatya*,

taur [S] ❶ (großer) Wald; ❷ mächtig, gewaltig, schrecklich; ❸ (arch.) hoher König; → *taure*, *tára*, *túre*

taura [Q] mächtig → *túre*

taure [Q] (großer) Wald, pl. *tauri*; urelb. TAWAR-; [Q] *tavar*, Holz; *taurina*, hölzern; *tavaron*, Waldgeist; [S] *taur*, Wald; *tawar*, Holz; *tawaren*, hölzern; z. B. [S] *Taur-nu-Fuin*, Wald unter dem Nachtschatten; *Tauron* (Orome); *Tawarwaith*, »Waldleute« (Waldelben).

taurea [Q] bewaldet → *taure*

taurina [Q] hölzern → *taure*

taus [S] dachdecken (mit Stroh)

tavar [Q] Holz → *taure*

tavaron [Q] Waldgeist; *tavaril*, Nymphe; → *taure*

taw [S] Wolle

tawar [S] Holz (oft für *taur*, Wald, gebraucht, z. B. *Tawar-in-Drúedain*, der Drúadan-Wald); *tawaren*, pl. *tewerin*, hölzern; → *taure*

Tawarwaith [S] »Waldleute«, Waldelben → *taure*

te [Q] sie (3. ps. pl.) (*laita te!* rühmet sie!)

tea [Q] gerade Strecke, Straße, vgl. *téma*

teca- [Q] schreiben; *tece*, er schreibt → *tengwe*

tecco [Q] Pinsel- oder Federstrich → *tengwe*

tecil [Q] Schreibfeder → *tengwe*

tegi [S] führen, bringen; *tôg*, er bringt

tegl *(tegol)* [S] Schreibfeder

tehta [Q] (diakritisches) Zeichen, z. B. *andatehta*, Längenzeichen → *tengwe*

teith [S] vgl. *daith*

teitho [S] schreiben, verg. 3. Person: *teithant*; *teith*, diakritisches Zeichen → *tengwe*

telch [S] Stamm, Stengel, pl. *tilch*

telco [Q] Stamm, Bein, der Vertikalstrich in der Tengwar-Schrift; pl. *telqi*

telcontar [Q] »Beingewaltiger«, Langbein, »Streicher«; vgl. *telco*, *tára*

teliën *(teiliën)* [S] Spiel, Sport → *tyalië*

telda [Q] letzte(r); urelb. TEL-, TELU-, Teles-: [Q] *telma*, Schluß; *telume*, (Himmels-)Dach, Baldachin; *tella*, zuhinterst, zuletzt; *telle*, Nachhut; *tele-*, enden; *telya-*, beenden; *telta-*, bedecken, überdachen, *telme*, Haube; [S] *tele*, Schluß; *telu*, Kuppeldach; *ortheli*, Dach, Schirm; *adel*, hinter; z. B. [Q] *Telumehtar*, »Himmelskrieger«; *Teleri*, die »Nachzügler«.

T

tele [S] Schluß, rückwärtiger Teil, pl. *telei*; → *telda*

tele- [Q] zu Ende gehen, enden → *telda-*

teler [Q] einer vom Volk der »Nachzügler«, *Teleri* (pl.); → *telda*

teli [S] kommen; *tôl*, er kommt; → *túl-*

telio *(teilio)* [S] spielen

tella [Q] zuhinterst, zuletzt → *telda*

telle [Q] Nachhut → *telda*

telloein *(tellen)* [S] Fußsohle → *tál*

telma [Q] Schluß, das Abschließende → *telda*

telme [Q] Haube, Kapuze (*telmello telmanna*, vom »Scheitel bis zur Sohle«, Kopf bis Fuß); → *telda*

---

telpe *(tyelpe)* [Q] Silber; urelb. KYELEP-: [Q] *telemna*, *telepsa*, silbern; [S] *celeb*, Silber; *celebren (celebrin)* silbern; z. B. [Q] *Telperion*, der Silberbaum; [S] *Celebrant*, Silberlauf; *Celebrindal*, Silberfuß.

---

telu [S] Kuppel, hohes Dach → *telda*

telume [Q] Kuppel, Dach (erstes elb. Wort für den Himmel); → *telda*

telya- [Q] beenden → *telda*

téma [Q] Reihe, Schriftspalte (vertikal); z. B. *tincotéma*

tencele [Q] Schreibweise, Orthographie → *tengwe*

tengwa [Q] Schriftzeichen, Buchstabe, pl. *tengwar*; → *tengwe*

tengwanda [Q] Alphabet → *tengwe*

---

tengwe [Q] Zeichen (allgemein), pl. *tengwi*; urelb. TEK-: [Q] *tengwa*, Schriftzeichen (für ein gesprochenes *tengwe*); *tengwesta*, Zeichensystem, später: Grammatik); *tecco*,

Federstrich; *tengwestië*, (Schrift-)Sprache; *tengwanda*, Alphabet; *tencele*, Orthographie; *teca-*, schreiben; *tecil*, Feder; *tehta*, diakritisches Zeichen [S] *teitho*, schreiben; *teith (daith)*, Zeichen; *têw*, Buchstabe.

tengwesta [Q] Zeichensystem, später auch Grammatik → *tengwe*

tenna [Q] bis (*tenn' Ambar-metta*, bis an der Welt Ende)

tennoio [Q] für immer → *oi*

tercenye [Q] Einsicht, Durchblick; z. B. *essi tercenye*, schicksalsvoraussagende Namen → *ter(e)*

ter(e) [Q] durch; urelb. TER-, TERES-, durchdringen: [Q] *teren(e)*, schlank, schmal; *tereva*, fein, scharf; [S] *trî*, durch; als Präfix *tre-, tri-*; *trîw*, fein, schmal.

teren(e) [Q] schmal, schlank → *ter(e)*

tereva [Q] fein, scharf → *ter(e)*

termara- [Q] dauern, bleiben, beständig sein; *termaruva* (fut.) es soll gelten (*vanda sina termaruva*, dieser Eid soll gelten)

têw *(thêw)* [S] Schriftzeichen, Buchstabe, pl. *tîw*; → *tengwe*

thafn [S] Pfahl, Pfosten → *sambe*

thala [S] stark, standhaft; *thalion*, Pl. *thelyn*, Held, unerschrockener Mann (Beiname Húrins)

thalos [S] Sturzbach (Name eines Flusses in Ossiriand)

tham(b) *(thamas)* [S] Halle, Saal → *sambe*

thanc [S] Spalte

thang [S] Zwang, Not, Unterdrückung → *sanga*

thangail [S] Schildmauer (Kampfformation)

thar- [S] jenseits, auf der anderen Seite; z. B. *Thargelion*, (das Land) jenseits des Gelion

thâr [S] trockenes Gras, Ried, Stroh; *tharas*, Strohkissen, Fußschemel

tharn [S] dürr, steif, trocken

thaun [S] Kiefer, pl. *thuin*, z. B. *Dorthonion*, Land der Kiefern (arch. *Dor-na-Thuin*)

thaur [S] widerwärtig, abscheulich → *saura*

thavron [S] Zimmermann, Handwerker → *sambe*

thaw [S] verdorben, faul → *saura*

thêl *(sêl)* [S] Schwester, pl. *thelei*, *thellath*; Koseform *muinthel*; → *seler*

thela [S] Speerspitze

thenid *(thenin)* [S] wahr, treu

thent [S] kurz

thêw *(têw)* [S] Schriftzeichen, pl. *thîw* → *tengwe*

thilio [S] schimmern, glänzen, scheinen → *silme*

thind *(thinn)* [S] grau, blaß → *sinde*

thinna [S] Abend, poet. *thin*; → *sinde*

thinnas [S] Kürze (Vokalzeichen)

thio [S] scheinen, den Anschein haben; *thia,* es scheint, daß …

thinta [S] verblassen, schwinden → *sinde*

thîr [S] Aussehen, Miene, Haltung, Eindruck

thlaew [S] vgl. *flaew*

thlê [S] Spinnwebfaden → *líne*

thlein [S] dünn, mager, pl. *thlîn*

thling [S] Spinnennetz; z. B. *Deldúthling,* [S] für [Q] *Ungoliante* → *líne*

thlingril [S] Spinne → *líne*

thlinn *(thlind)* [S] fein, zart, wohlklingend vgl. *linda*

thliw *(fliw)* [S] vgl. *flaew*

thloss *(thross, floss)* [S] Flüster- oder Raschellaut

thôl [S] Helm *(Gorthol,* Schreckenshelm)

thôn [S] vgl. *thaun*

thond [S] Wurzel

thôr [S] herabstoßend; urelb. THOR-; [Q] *soron,* Adler; [S] *thoron (thôr),* Adler; z. B. [Q] *Sorontar,* König der Adler, [S] *Thorondor.*

thórod [S] Sturzflut → *thôr*

thoron [S] Adler, pl. *therein;* → *thôr*

thribi [S] kratzen

thû [S] Gestank → *saura*

thuio [S] atmen → *súya-*

thûl [S] vgl. *sûl*

thúrin [S] geheimnisvoll

tî [S] Linie, Reihe

ticse [Q] Punkt über *(amaticse)* oder unter *(nun-ticse)* der Schriftzeile

tië [Q] Weg, Straße, pl. *tiër (ilye tiër*, alle Wege)

-til [Q] Horn, Zacken, Bergspitze (z. B. *Taniqetil)*

tild *(till)* [S] Spitze, Horn, vgl. *-dil;* → *tilde*

> **tilde** [Q] Spitze, Horn, Genitiv sg. *tilden,* pl. *tildi;* urelb. TIL-: [Q] *neltil,* Dreieck; [S] *tild, -dil,* Spitze, *nelthil,* Dreieck; z. B. *Tilion,* »der Gehörnte« (Mond).

tinc [S] Metall

tinco [Q] Metall; das Tengwa ℘ (t); *tincotéma,* die Spalte der Dentale in der Tengwar-Tafel

tinda [Q] silbrig schimmernd → *tinta-*

tinde [Q] Schimmer → *tinta-*

tindóme [Q] sternhelle (Morgen-)Dämmerung → *tinta-, ló*

tindómerel [Q] »Tochter der Dämmerung«, poet. für Nachtigall (Lúthiën)

tinga- [Q] surren, schwirren

tingilya *(tingilínde)* [Q] blinkender Stern → *tinta-*

tinno [S] schimmern → *tinta-*

tinnu [S] sternhelle Dämmerung → *tinta-, ló*

tinta- [Q] entzünden, entfachen, funkeln machen; urelb. TIN- (THIN-): [Q] *tine*, es schimmert; *tintila*, es funkelt; *tinwe*, Funken, Stern; *tingilya*, blinkender Stern; *tinda*, silbrig schimmernd; [S] *tinno*, schimmern; *tinw*, Funke; *gildin*, Silberfunke; z. B. [Q] *Tintalle*, »Sternentfacherin« (Varda), [S] *Tinúviël*, »Tochter der Dämmerung« (Lúthien).

tintil- [Q] funkeln; *tintila*, es funkelt, pl. *tintilar* (*tintilar i eleni*, »die Sterne funkeln«)

tinúviël [S] »Tochter der Dämmerung«, poet. für Nachtigall (Lúthiën)

tinw [S] Funke, kleiner Stern → *tinta-*

tinwe [Q] Funke, kleiner Stern → *tinta-*

tir- [Q] bewachen, beobachten; urelb. TIR-: [Q] *tirin*, ich bewache, verg. *tirne*; *tiruva*, 3. ps. sg. fut.; *tírion*, Wachtturm, *palantir*, »Fernblicker«; [S] *tirio*, bewachen; *tiriant*, ich bewachte; *tirith*, Wache; z. B. [Q] *halatir*, Eisvogel; [S] *Talath Dirnen*, die Bewachte Ebene; *Minas Tirith*, Wachtturm.

tirad [S] Sehen (Infinitiv), Sicht → *tir-*

tiri(o) [S] ich bewache, beobachte, verg. *tiriant*; → *tir-*

tirion [Q] Turm, Wachtturm → *tir-*

tirith [S] Wache, Beobachtung → *tir-*

tirmo [Q] Wächter, Beobachter (*Elentirmo*, »Stern-gucker«, Tar-Meneldur) → *tir-*

tirne [Q] Stirn

tithen [S] klein, winzig, pl. *tithin*

titta [Q] klein, winzig

tiuca [Q] dick, fett → *tiuya-*

tiuco [Q] Schenkel → *tiuya-*

tiuya- [Q] schwellen, dick werden; urelb. TIW-: [Q] *tiuca*, dick; *tiuco*, Schenkel; [S] *tuio*, schwellen; *tûg*, dick.

to [Q] Wolle; *toa*, wollen (von Wolle)

tobas [S] Dach

tobo [S] überdachen

tofn [S] tiefliegend, tief eingeschnitten

tol [Q] Insel, pl. *tolle* (z. B. *Tol Eressea*, die Einsame Insel)

tol *(toll)* [S] Insel, pl. *tyll* (z. B. *Tol Brandir, Tol Galen*)

toloth [S] acht

toltho [S] holen; *tolda*, er holt; → *túl-*

tolto [Q] acht

tond *(tonn)* [S] hoch, groß → *tundo*

tong [S] straff (von Saiten oder Sehnen) → *tuo*

topa- [Q] überdachen; 3. Person sg. *tope*, verg. *tompe*; *tópa*, Dach

tôr [S] Bruder, pl. *terein*; (gewöhnlich *muindor*)
→ *toron*

torech [S] Höhle, Nest (*Torech Ungol*, die Spinnenhöhle)

torog [S] Troll

toron [Q] Bruder, pl. *torni*; urelb. TOR:
[Q] *otorno*, Schwurbruder; *otornasse*, Bruderschaft; [S] *tôr*, Bruder; *gwador*, Schwurbruder; *gwanur*, Sippengenosse, Verwandter.

tortho [S] gebrauchen, lenken, meistern; ich gebrauche: *ortheri*, er gebraucht: *orthor* → *túre*

toss [S] Busch, niedriger Baum; z. B. *eregdos*, Stechpalme

trasto [S] belästigen

trenarië [S] (bis zu Ende) erzählen; *trenare*, er erzählt; → *ter(e)*, *nyar-*

trenarn [S] Bericht, Erzählung → *ter(e)*, *nyar-*

treneri [S] erzählen, berichten, verg. *trenor*, *trener*

trevedi [S] gehen, durchschreiten; *trevant*, ich ging

trî [S] durch; als Präfix *tre-*, *tri-*; → *ter(e)*

trîw [S] fein, schmal → *ter(e)*

tû [S] Körperkraft → *tuo*

tuca- [Q] ziehen; *tucin*, ich ziehe

tuia- [Q] sprießen, knospen; urelb. TUY:
[Q] *tuia*, es sprießt; *tuile*, Frühling; *artuile*,

Tagesanbruch; *tuima*, Knospe; *tuilindo*, Schwalbe; [S] *tuio*, sprießen; *tuiw*, Knospe; *ethuil*, Frühling; *tuilind*, Schwalbe.

tûg [S] dick, fett → *tiuya-*

tuile [Q] Frühling; vgl. [S] *ethuil*; → *tuia-*

tuilin(d) [S] Schwalbe (»Frühlingssänger«) → *tuia-*, *linde*

tuilindo [Q] Schwalbe, vgl. *tuilin(d)*

tuima [Q] Knospe → *tuia-*

tuio [S] schwellen → *tuia-*

tui(w) [S] Sproß, Knospe → *tuia-*

túl- [Q] kommen; urelb. TUL-: [Q] *tulin*, ich komme; *tulta-*, kommen lassen, rufen; *utúliën*, ich bin gekommen; [S] *teli*, kommen; *tôl*, er kommt; *toltho*, holen; z. B. [Q] *utúlie'n aure*, der Tag ist gekommen.

tulca [Q] stark, fest; *tulco*, Halt, Stütze

tulta- [Q] schicken nach, holen, rufen → *túl-*

tulus [S] Pappel, pl. *tylys*

tum [S] weites Tal

tumba [Q] (tiefes) Tal; z. B. *tumbalemorna*, »tieftalschwarz«; *tumbaletaurea*, »tieftalbewaldet«)

tumno [Q] tiefliegend (z. B. *Utumno*, [S] *Udûn*)

tump [S] Buckel

tumpo [Q] Buckel

tund *(tunn)* [S] Hügel, Anhöhe → *tundo*
tunda [Q] hoch, groß → *tundo*

tundo [Q] Hügel, Anhöhe; urelb. TUN-:
[Q] *tunda*, hoch; [S] *tund*, Hügel; *tond*, groß;
z. B. [Q] *Túna*, [S] *Tûn*; [Q] *mindon*.

tunga [Q] straff (von Saiten und Sehnen) → *tuo*

tuo [Q] Muskel-, Körperkraft; urelb. TUG-;
[Q] *tunga*, straff; [S] *tû*, Körperkraft; *tong*,
straff; z. B. *Tuor*

tupse [Q] dachdecken (mit Stroh)
tûr [S] Können, Meisterschaft, Tüchtigkeit → *túre*
tura [Q] meistern, beherrschen; *turin*, ich meiste-
re, verg. *turne*; → *túre*

túre [Q] Können, Meisterschaft, Tüchtigkeit;
urelb. TUR-: [Q] *tura-*, beherrschen; Suffix
oder Präfix -*turo*, *tur-* (z. B. *Turambar*, »Meister des Schicksals«); [S] *tûr*, Meisterschaft; *tortho*, gebrauchen, beherrschen; *taur*, mächtig,
gewaltig.

turma [Q] Schild
tussa [Q] Busch
túv- [Q] finden; *utúviënyes*, ich habe es gefunden
tyalangan [Q] Harfenspieler → *ngande*

tyalië [Q] Spiel(en); *tyalin,* ich spiele

tyar- [Q] verursachen; *tyaro,* Urheber, Täter, Schöpfer; → *cárië*

tyáv- [Q] schmecken, kosten; *tyavin,* ich schmecke

tyáve [Q] Geschmack, Vorliebe (z. B. *lámatyáve,* Sprachgeschmack)

tyel- [Q] enden, aufhören; *tyel (tyelde),* Ende; *tyelima,* endgültig, abschließend; *tiëlyanna,* bis zum Ende (*Anar caluva tiëlyanna,* die Sonne möge dir bis zum Ende scheinen)

tyelca [Q] rasch, flink

tyelle [Q] Stufe, (horizontale) Reihe; pl. *tyeller*

tyelpe [Q] vgl. *telpe*

tyrn (pl.) [S] Höhenzug, Hügelkette; sg. *torn* (?) (*Tyrn Gorthad,* Hügelgräberhöhen)

tyulma [Q] Mastbaum

tyulusse [Q] Pappel

U u

ú [Q] *un-* (verneinendes Präfix, z. B. *úvanimo,* Ungeheuer) vgl. *uin*

udalraph [S] steigbügellos

ufárea [Q] ungenügend → *farya-*

ui- [S] zwie- (Präfix), z. B. *uial,* Zwielicht

uial [S] Zwielicht, Abenddämmerung → *cala*

uil *(oeruil)* [S] Rankenkraut, Seetang

uile [Q] Rankenkraut; *earuile*, Seetang

uilos [S] ewig schneebedeckt *(Amon Uilos)* → *oi*, *losse*

uin *(umin)* [Q] »ich … nicht« (Verneinungsformel, entspricht engl. »I do not …«)

uir [S] Ewigkeit; *uireb*, ewig; → *oi*

ûl [S] Geruch

úlaira [Q] schattenlos, vgl. *laira*; *Úlairi*, die Ringgeister

ulban [Q] blau

úlea [Q] flüssig, fließend → *ulya-*

ulla [S] Sturzflut, Bergbach → *ulya-*

ulun(d) [S] Ungeheuer, abscheuliche Kreatur

ulunde [Q] Flut → *ulya-*

ulundo [Q] Ungeheuer, abscheuliche Kreatur

ulya- [Q] gießen, fließen; urelb. ULU-; [Q] *ulyane* (verg. transitiv), *ulle* (*intransitiv*); *ulliёr*, 3. Person pl. Konjunktiv; *ulunde*, Flut; *úlea*, flüssig; [S] *oeil*, es regnet; *ulla*, Sturzflut; z. B. [Q] *Ulmo*.

um [S] schlecht, böse

Úmanyar [Q] die »nicht-aus-Aman« sind, die Dunkelelben, auch *Moriqendi*

úmarth [S] Mißgeschick, Unglück, vgl. *amarth*; → *martya-*

umbar [Q] Verhängnis, Schicksal; das Tengwa ᴘ (mb, b); → *a-mbar, martya-*

úmea [Q] »ungut«, böse, vgl. *ú, mea*

ûn [S] Geschöpf, Kreatur → *onta-*

unca- [Q] aushöhlen

undóme [Q] Abenddämmerung → *núme, ló*

undu [Q] hinab, hinunter; *undúme*, Abgrund; → *núme*

unduláv- [Q] hinabziehen, ertränken (*ilye tiër unduláve lumbule*, »Schatten ertränkte alle Wege«)

úner [S] »kein Mann«, niemand

ungo [Q] (dunkle) Wolke → *ungwe*

ungol [S] Finsternis, Dunkelheit → *ungwe*

ungwale [Q] Folter, Qual → *qalme*

ungwe [Q] Finsternis, später: Spinnennetz; urelb. UNG-, düster: [Q] *ungo*, dunkle Wolke, Schatten; [S] *ungol*, Finsternis; [Q, S] *Ungoliant*(e), »Dunkelspinne« (vgl. *líne*); das Tengwa ᴛᴩ (ngw).

únótima [Q] unzählig; pl. *únótime* (*yéni únótime*, unzählige Jahre)

unqa [Q] hohl; *unqe*, Mulde, Höhlung, zugleich das Tengwa ᴄᴅ (nkw)

untúpa- [Q] überdachen, bedecken (*hísië untúpa* ..., »Nebel verhüllt ...«)

únyárima [Q] nicht erzählbar, unbeschreiblich
→ *nyar-*

úqétima [Q] unsäglich, unaussprechlich → *qet-*

ûr [S] weit

úra [Q] weit, geräumig

úre [Q] Hitze; das Tengwa **ɔ** (w); vgl. *áre, aure*

Úrime [Q] »Hitzemonat«, 8. des númenórisch-elbischen Kalenders, [S] *Úrui*

urug [S] Scheusal

Úrui [S] »Hitzemonat«, 8. des númenórisch-elbischen Kalenders, [Q] *Úrime*

urulóce [Q] Feuerdrache → *lóce*

usqe [Q] (übler) Geruch

-uva- [Q] Futur-Suffix (*hiruva, enqantuva, maruvan*)

úvanimo [Q] »unschön«, Ungeheuer, pl. *úvanimor*; vgl. *vanima*

úve [Q] Fülle, Überfluß; *úvea*, reichlich

V v

va! [Q] nein! (Ich tu's nicht! Tu's nicht!); → *ava*

vacse [Q] Fleck, Makel → *vahta-*

vahta- [Q] besudeln; urelb. WAH-: [Q] *vacse*, Fleck, Makel; *vara*, besudelt, schmutzig;

[S] *gwatho*, besudeln; *gwaur*, schmutzig; *gwass*, Fleck; *gwath*, Schmutz.

vaire [Q] Weberin (auch Eigenname)
vaiwa *(waina)* [Q] Wind
val- [Q] wollen, gebieten → *valya*
Vala (f. *Valië*) [Q] (göttliche) Macht, pl. *Valar*, f. *Valiër*; das Tengwa ת (englisches w); → *valya*
Valanya [Q] »Valartag«, 6. der elbischen Woche (auch *Tárion*), [S] *Orbelain*; → *valya*
Valarauco [Q] »mächtiger Dämon«, [S] *Balrog* → *valya*, *qalme* (?)
valasse [Q] Gottheit, Göttlichkeit → *valya*
valaina [Q] göttlich → *valya*
Valinór(e) [Q] das Land der Valar → *valya*, *nóre*[1]

valya [Q] gottgewollt, von Gott befohlen; urelb. BAL-, Macht: [Q] *Vala*, göttliche Macht, Wille; *val-*, wollen, gebieten (*a vala Manwe!* »möge Manwe es befehlen!«); *valaina*, göttlich; *valasse*, Gottheit; *valarinwa*, die Valar betreffend; S *Balan*, göttliche Macht; *beleg*, groß mächtig.

ván *(wán)* [Q] Gans, pl. *váni*
vanda [Q] Eid
vanima [Q] schön (*a vanimar, vanimalion nostari!* »o ihr Schönen, schöner (Kinder) Eltern!«

vanimelda [Q] etwa: »erhabene Schöne« oder
»schöne Geliebte«? (Anrede: *Arwen vanimelda*)

vanta- [Q] gehen; *vanta*, Weg, Gang → *vanya-*

vanwa [Q] fort, vergangen; *vanwië*, Vergangenheit; → *vanya-*

vanya [Q] hell, blond, schön; *Vanyar*, die »Blond-
elben«

vanya- [Q] fortgehen, scheiden, verschwinden;
verg. *vanne*, part. *vanwa* (vgl. *auta-*); [S] *gwanw*,
Schwund, Sterben; *gwann*, fort, tot; *gwanno*
(wanta-), fortgehen, sterben; ([Q] *vanwa na*
Valimar, »verschwunden ist Valimar«).

vára [Q] besudelt, schmutzig → *vahta-*

varda [Q] erhaben, hoch (Eigenname)

varna [Q] sicher, geschützt; *varnasse*, Sicherheit

varne [Q] braun

vása [Q] verzehrend (die Sonne)

ve [Q] wie

vea [Q] erwachsen, mannhaft; *veaner*, Erwachsener; *veasse*, Kraft, Mannhaftigkeit; → *vië*

vedui [S] -letzt, letzter (*Arvedui*, »letzter König«)

veo [Q] Mann; als Suffix -*we* in Namen; → *vië*

vere [Q] Bund, Vertrag, Eid, [S] *gwaedh*; *gweth*,
Band, Verpflichtung; *gwedi*, binden; *gwest*,
Schwur; *gwesto*, schwören.

verca [Q] wild, heftig
verno [Q] Gatte → *vesta-*
veru [Q] Ehepaar → *vesta-*

verya- [Q] wagen; urelb. BER-: [Q] *verya*, kühn; *verië*, Kühnheit; [S] *beren*, kühn; *bertho*, wagen

vesse [Q] Weib, Gattin → *vesta-*

vesta- [Q] heiraten; urelb. BES-: [Q] *verno*, Gatte; *vesse*, Gattin; *veru*, Ehepaar; *vesta*, Ehe; *vesta-le*, Hochzeit; [S] *benn*, Mann; *herven*, Gatte; *bess*, Weib; *herves*, Gattin.

vië [Q] Mannhaftigkeit, Kraft; urelb. WEG-: [Q] *veo*, Mann; *vea*, mannhaft, stark; *veasse*, Kraft; [S] *gweth*, Mannhaftigkeit.

vilya *(wilya)* [Q] Luft; das Tengwa ᴛ (w)
vinya *(sinya)* [Q] neu (*Vinyamar*, »neue Heimat«)
Viresse [Q] 4. Monat des númenórisch-elbischen Kalenders; [S] *Gwirith*
vórima [Q] bündnis-, eidgetreu, zuverlässig (gleichbedeutend: *voronda*) → *voro*
vorn [S] schwarz (Ma. für *moru*)

voro [Q] beständig, dauernd; urelb. BOR-, dauern: [Q] *vor-*, *voro-* (Präfix), »immer wieder …«; *vórima*, treu, zuverlässig; *voronwe*, Standhaftigkeit, Treue; *vorogandele*, leiern; [S] *bronio*, dauern; *bôr*, treu, standhaft; *brûn*, alt, bewährt; in Namen z. B. [Q] *Voronwe*; [S] *Boromir*.

voronwe *(voronwië)* [Q] Standhaftigkeit, Treue → *voro*

vorogandele [Q] eintöniges Harfenspiel, Geleier; *voro, ngande*

voronda [Q] vgl. *vórima*

W_w

waith [S] vgl. *gwaith*

-wen [S] Mädchen (Suffix von Frauennamen, z. B. *Morwen, Eledhwen* → *wende*

wén [Q] Jugend, Frische; *wenya*, frisch, grün

wende *(vende)* [Q] Maid, Jungfrau; urelb. WEN-, WENED-: [Q] *wéne, véne*, Jungfräulichkeit; [S] *gwend*, Jungfrau; *gweneth*, Jungfräulichkeit; *-wen*, Suffix von Frauennamen.

wéne *(véne, venesse)* [Q] Jungfräulichkeit → *wende*

wilwarin [Q] Schmetterling

wing *(ving)* [Q] Schaum, Gischt *(vingilóte, »Schaumblüte«)*

Y_γ (J)

ya [Q] Tag (Endung von Wochentagsnamen)

yá [Q] einst, früher; urelb. YA-, dort, damals;
[Q] *yana*, jenes (Frühere); *yara*, aus alten Zeiten stammend; *yáre*, frühere Tage; *yalúme*,
alte Zeiten; *yárea*, *yalúmea*, altehrwürdig;
yasse, einstmals; *yénya*, letztes Jahr; [S] *iaur*,
uralt; *io*, einst, früher.

yaiwe [Q] Spott, Hohn
yal- [Q] rufen
yalúme [Q] alte Zeiten; *yalúmea*, alt(-ehrwürdig);
yalúmesse, einstmals (»es war einmal«); → *yá*
yalme [Q] Lärm, Geschrei → *lamya-*
yana [Q] jenes (Frühere) → *yá*
yána [Q] heilige Stätte, Tempel

yanga- [Q] gähnen, klaffen; urelb. YAG-:
[Q] *yáwe*, Schlucht, Abgrund; [S] *ia*, Abgrund,
iau, Schlucht.

yanta [Q] Joch; urelb. YAT-, verbinden, zusammenhalten; [Q] *yanwe*, Brücke, Landenge; *helyanwe*, Regenbogen; [S] *iant (ianw)*, Brücke;
eilianw, Regenbogen; z. B. *Iant Iaur*, »alte Brücke«; *yanta*: das Tengwa ⟨ (j).

yanwe [Q] Brücke, Landenge → *yanta*

yára [Q] von einst, aus alten Zeiten → *yá*

yárea [Q] alt-(ehrwürdig) → *yá*

yarna [Q] Sage, Legende (*Cuivienyarna,* Sage vom Erwachen der Elben) → *nyar-*

yáresse [Q] einstmals, »es war einmal« (gleichbedeutend: *yasse, yalúmesse*); → *yá*

yasse [Q] vgl. *yáresse*

yat *(yaht)* [Q] Hals; *yatta,* dünner Hals, Landenge

Yavannië [Q] »Erntemonat«, 9. des númenórisch-elbischen Kalenders, [S] *Ivanneth;* → *yáve*

yáve [Q] Frucht, Ernte; urelb. YAB-: [S] *iaw;* z. B. [Q] *Yavanna,* die Fruchtspenderin.

Yavië [Q] (Früh-)Herbst, [S] *Iavas;* → *yá*

yáwe [Q] Schlucht, Abgrund → *yanga-*

yello [Q] Ruf, Triumphgeschrei

yelma [Q] Furcht, Abscheu; urelb. DYEL-, sich fürchten, verabscheuen: [Q] *yelta-,* verabscheuen; *yelwa,* abscheulich; [S] *del,* Furcht; *deleb,* abscheulich; *delw,* verhaßt, grausam; z. B. *Dor Daedeloth,* »Land unter dem Schatten des Schreckens«.

yelwa [Q] abscheulich → *yelma*

yén [Q] (valinorisches) Jahr; urelb. YEN-:
[Q] *linyenwa*, bejahrt; *Endiën*, Mittjahr; [S] *în*,
idhrin, Jahr; *ennin*, valinorisches Jahr; *ínias*,
Annalen; *edinar*, Jahrestag; *ingem*, alt; *ifant*,
langlebig.

yen *(yende)* [S] Tochter

yenya [Q] voriges Jahr → *yén, yá*

yerna [Q] alt, abgenutzt

yerya- [Q] sich abnützen, verschleißen

yesta [Q] Begehr, Verlangen

yestare [Q] 1. Tag vor Jahresbeginn im
númenórisch-elbischen Kalender

ylf [S] Trinkgefäß

yoménië [Q] Begegnung, Zusammentreffen von 3
oder mehr Personen; auch *omentië*

yondo [Q] Sohn

yúcale *(yuale)* [Q] Zwielicht, Abenddämmer
→ *cala*

yúla [Q] Glut, Schwelbrand

yulma [Q] Becher; *yulme*, Umtrunk; z. B. *man i
yulma ... enqantuva?* »wer wird den Becher von
neuem füllen?«

yuyo [Q] beides, zwie-, doppel-, vgl. [S] *ui-*

Teil II – Deutsch-Elbisch

A_a

ab- [Q] au-

Abend [Q] sinye; [S] aduial, thinna, thin (poet.)

Abenddämmerung [Q] undóme, yúcale; [S] uial

aber [Q] ná

abfallen [Q] talta-; [S] atlanno

abfallend [Q] penda

abgelegen [S] ereb

abgenutzt [Q] yerna

abgesehen von ... [Q] heqa

abgleitend [S] talt

Abgrund [Q] undúme, yáwe; [S] iâ

Abhang [Q] pende, talta; [S] talad

abnehmen [Q] pica-

abnützen, sich [Q] yerya-

Abscheu [Q] yelma; [S] del

abscheulich [Q] yelwa; [S] deleb, thaur

abschirmen [S] haltha-

abschneiden [Q] auciri-

abschneiden, sich ein Teil [Q] hociri-

abschüssig [Q] talta; [S] atland

abschüssig sein [Q] talta-

absehen von ... [Q] hehta-

ach! [Q, S] ai!; [Q] nai; [S] nae!

Achse [Q] peltas; [S] pelthaes

Achse, sich drehen um eine [Q] pel-

acht [Q] tolto; [S] toloth

Acker [S] redda

addieren [Q] onot-; [S] gonod

Adler [Q] soron; [S] thoron

ah! [Q, S] ai!

All [Q] ilu

alle [Q] ilye

allein [Q] er

alleinig [Q] erya; [S] eriol

alles [Q] ilqa, ilya

Allvater [Q] Ilúvatar

Alphabet [Q] tengwanda

alt [Q] enwina, linyenwa, yerna; [S] brûn

alt (von Dingen) [S] gem(b), gern

alt (von Personen) [S] ingem

alte Zeiten [Q] yalúme

altehrwürdig [Q] yalúmea

alten Zeiten, aus [Q] yara

amputieren [S] esgeri

an (zeitlich) [S] erin

ändern [S] presto

anderseits [Q] ná

Anfeuerung [Q] siule

Angst [S] gost

anhaften [Q] himya-

anhaftend [Q] himba

anhalten (intransitiv) [Q] pusta-

Anhöhe [Q] tundo; [S] tund

Ankerplatz [Q] hopasse; [S] hobas

Annalen [S] ínias

Anstachelung [Q] siule

Anstieg [Q] ampende

antreiben [Q] horta-; [S] hortha

Antrieb [Q] hóre

Arbeit [S] tars

arm [S] foeg

Arm [Q] ranco; [S] rhanc

Asche [S] lith

Atem [Q] súle; [S] sûl

atmen [Q] súya-; [S] thuio

Auenland [S] Drann

auenländisch [S] drannail

auf- (Präf.) [Q, S] am-

Auf- oder Abstieg [S] pendrad

auffällig, vorragend [Q] minda

Aufgang [Q] óre

aufhören [Q] hauta-, pusta-, tápa-, tyel-

auflecken [Q] salpa-

aufwärts [Q] amba

Auge [Q] hen; [S] hên

aus [Q] -on; [S] ed-

ausbreiten, sich [Q] palu-; [S] pelio

ausgedehnt [Q] palla

ausgenommen [Q] heqa

Ausgestoßener [Q] hecilo
ausgewandert [S] eglenn
Ausguck [S] ethir
ausharren [S] dartha
ausharrend [S] him
aushöhlen [Q] unca-; [S] rosto
ausreichen [Q] farya-
ausschließen [Q] hehta-
Aussehen [S] thîr
außen [Q] ava
äußere Lande [S] ettele
außerhalb von [Q] ar(a)
Ausspruch [Q] eqes
austrinken [S] sautha-
auswandern [S] egledhi
ausweiten [Q] taita-
Axthieb [S] dramb, hast

B b

Bach [Q] celume, nelle, siril; [S] sîr
Bächlein [Q] siril
backen [Q] masta-
Bahn [S] râd, rath
Baldachin [S] daedelu, orthelian
Ball [Q] coron

Band [S] nûd
Banditen [S] gaurwaith
Bär [Q] morco; [S] brôg, megli
Bart [Q] fanga; [S] fang
Basis [Q] sunda
Baum [Q] alda, orne; [S] galadh, orn
Baum, niedriger [S] toss
baumeln [Q] linga-; [S] gling
Baumschatten [S] dair
Baumstamm, behauener [S] drafn
baumverrankt [S] galadhremmen
Bauwerk [Q] car
Becher [Q] yulma
bedachtsam [S] idhren
bedecken [Q] untúpa-
Bedrücker [S] bauglir
beeinflussen [S] presto
beeinflußt [S] prestannen
Beeinflussung [S] prestanneth
beenden [Q] metya-, telya-; [S] meth
Befehlshaber [Q] cáno; [S] cunn
befestigen [Q] taca-; [S] taetho
Befestigung, steinerne [Q] sarne
befeuchten [S] lhimmid
beflecken [S] maw
befreien [S] lheitho
Befreiung [S] leithian

befreundet sein [Q] mel-
begegnet [S] govannen
Begegnung [Q] omentië, yoménië
Begehr [Q] yesta
begehren [Q] mere-, milya-
begehrenswert [Q] írima
Begierde [Q] maile; [S] moel
beginnen [S] hoeno
Begrüßung [S] suilannad
behalten [S] cheb-
beharren [Q] himya-
beherrschen [Q] tura-; [S] tortho
bei [S] na
beiderseits von [S] ath-
beides [Q] yuyo
Bein [Q] telco
beißen [Q] nac-; [S] nag-
bejahrt [Q] linyenwa; [S] ifant
beklagenswert [S] noer
bekleiden [S] hamnia
bekränztes Mädchen [Q] riël
belästigen [S] trasto
belauschen [S] lathro
Beleidigung [S] eithad
beleuchten [Q] calya-
bemeistern [Q] tura-; [S] ortheri
benetzen [Q] láv-

beobachten [Q] tir-; [S] tiri(o)

Beobachter [Q] tirmo

Beobachtung [S] tirith

beraubt [S] neithan

Berg [Q] amban, oron; [S] amon, orod

bergab [Q] penda; [S] dadbenn

bergauf [Q] ampende; [S] ambenn

Bergbach [S] ulla

Berggipfel [Q] aicale, aicasse, orto, rasse; [S] aegas, ras

Berggipfelkette [S] aeglir

Bergsee [S] rhim(b), tarn

Bergspitze [Q] -til; [S] -dil

Bergsteiger [S] orodben

Bergwerk [S] habar

Bericht [Q] qentale; [S] trenarn

berichten [Q] nyár-; [S] treneri

beschimpfen [S] eitha-

Beschimpfung [S] eithad

Besieger [S] dagnir

Besitz [S] garn

besitzen [Q] harya-

besitzend [Q] arwa

Besitzer [S] hîr

besonders [S] edregol

beständig [Q] voro; [S] him

beständig sein [Q] termara-

bestätigen [S] tangado

bestimmen [Q] martya-

Bestimmung [Q] maranwe

besudeln [Q] vahta-; [S] gwatho, maw

besudelt [Q] vára; [S] gwaur

betaut [Q] níte

betreffend [S] o

Bett [Q] caima; [S] haust

bettlägerig [Q] caimassea; [S] caeleb

Bettlägerigkeit [Q] caila; [S] cael

bewachen [Q] tir-; [S] tiri(o)

bewacht [S] dirnen

bewährt [S] brûn

bewaldet [Q] aldarwa, arwa, taurea

Bewegung, rasche [S] rhinc

bewerkstelligen [Q] auta-

bilden [Q] canta-

binden [Q] nut-; [S] gwedi, nud-

Bindung [Q] núte; [S] gwedh

bis [Q] tenna; [S] na

bis (wohin) [Q] mennai

Biß [Q] nahta, sára; [S] naeth, saer

Blasinstrument [Q] róma; [S] rhom

blaß [Q] malwa; [S] gael, malw, thind

Blässe [S] nifred, nimred

Blatt [Q] lasse; [S] las(s)

blau [Q] lúne, ulban; [S] lhûn

B

bleiben [Q] mara-, termara-; [S] dartha

bleich [Q] ninqe

blond [Q] vanya

Blume [Q] lóte, losse; [S] loth

Blumenstrauß [S] gwaloth

Blut [Q] serce; [S] sereg

blutbefleckt [S] agarwaen

Blüte [S] gwaloth, loth

Blütenstaub [Q] malo; [S] mâl

Boden [Q] cemen, talan; [S] cef, palath, talaf

Bodenfläche [Q] palúre

Bogen (Schreibstrich) [Q] lúva

Bogen (Schußwaffe) [Q] cú, qinga; [S] peng

Bogensehne [S] tang

bohrender Schmerz [Q] naice

Boot [S] lhunt

Boot [Q] lunte

Böschung [Q] ráva

böse [Q] úmea; [S] um

Brand [S] iolf

Brandung [Q] solor; [S] falf

braun [Q] varne; [S] baran, rhosc

Braut [S] dineth

Bräutigam [S] doer

breit [S] pann

Breitschwert [Q] lango; [S] ecet, lhang

Brett [Q] pano; [S] pân

bringen [S] tegi
Brot [Q] masta; [S] bast
Brotlaib [S] basgorn
Brücke [Q] yanwe; [S] iant
Bruder [Q] onóro, toron; [S] gwanur, muindor, tôr
Bruderschaft [Q] otornasse
Brühe [S] salf
Buch [Q] parma; [S] parf
Buche [Q] feren; [S] breth(il), fêr, galbreth, neldor
Buchecker [Q] ferna
buchenhölzern [Q] ferinya
Buchsprache (Quenya) [Q] parmalambe
Buchstabe [Q] tengwa; [S] têw
Bucht [Q] hópa; [S] hobas, hûb, lond
Buckel [Q] nóla, tumpo; [S] dôl, tump
Bund [Q] heren, vere; [S] gwaedh
Burg [Q] arta, osto; [S] garth, ost
Bürgermeister [S] condir
Busch [Q] tussa; [S] toss

C_c

Charakter [S] ind
Chef [Q] héra
Chronik [Q] lúmeqenta; [S] ínias

D d

Dach [Q] telume; [S] ortheli, telu, tobas

dachdecken [Q] tupse; [S] taus

dämmerig [S] doll

Dämmerlicht [Q] lóme; [S] dûm, moth

Dämmerung, sternhelle [S] tinnu, tindóme

Dämon [Q] rauco, valarauco; [S] balrog, raug

Danksagung [Q] hantale

Dauer [Q] oire

dauerhaft [S] bronadui

dauern [Q] termara-; [S] bronio

dauernd [Q] oia, voro

Delta [S] ethir

dem, der, dem (bestimmter Artikel, Dativ sg.)
  [S] ni

denn [Q] an

dennoch [Q] a-nanta

der, die, das [Q, S] i; [Q] is

»der Eine« [Q] Eru

dereinst [Q] en

Dialog [S] athrabeth

dich [S] le

dicht belaubt [Q] lillassea

dick [Q] tiuca; [S] tûg

dick werden [Q] tiuya-

die (pl.) [S] in

dienen [S] buio

»Diener von …« [Q] -(n)dur (Suffix)

dieser, diese, dieses [Q, S] i; [Q] is, sina

dieses … jenes [Q] ta … tana

diesseits von … [S] nef

Diktum [Q] eqes

Ding [Q] nat; [S] nad

Diphtong [Q] samna

Dolch [Q] sicil; [S] sigil

doppel- [Q] yuyo; [S] adu-

doppelt [Q] atwa, tanta; [S] tadol

Dorn [Q] nasse; [S] êg

dort [Q] en; [S] ennas

dorthin [Q] tar

dortig [Q] enta

Drache [Q] lóce; [S] amlug, lûg

drängen [Q] horta-

drängend [Q] hortale

draußen [S] ette

drei [Q] nelde; [S] neledh

drei- (Präfix) [S] nel-

Dreieck [Q] neltil; [S] nelthil

Drû [S] drû(g)

du [Q] elye, -lye; [S] le

duftend [Q] nísim

dunkel [Q] lóna, nulla; [S] doll, dûr, mor

Dunkelelb [S] durion, Mornedhel

Dunkelelben [Q] Moriqendi, Úmanyar
Dunkelheit [Q] mordo, mornië, ungwe; [S] dúath, ungol
»Dunkelleute« [S] Moerbin
dünn [S] thlein
Dunst [Q] hísië; [S] hith
durch [Q] ter(e); [S] trî
Durchblick [Q] tercenye
durchdringend [Q] maica
durchschlagen [S] hasto
durchschreiten [S] trevedi
dürr [S] tharn
durstig [Q] fauca; [S] faug
düster [Q] lóna, morna; [S] dem
Düsternis [Q] lumbe mornië, ungwe; [S] daw, dim, lhum, ungol

E e

eben [Q] latin(a); [S] lhaden, path
Ebene [S] dalath, lad, nan(d), talath
Echo [Q] nalláma; [S] glambr, lóm
Ecke [S] bennas, nass
edel [Q, S] ar(a)-
Edelstein [Q] miril; [S] mîr
Edler [Q] arqen; [S] arphen

edler Mann [Q] callo

Ehe [Q] vesta

Ehemann [S] benn

Ehepaar [Q] veru

Ehrfurcht [S] anwar

Eiche [Q] norno; [S] doron

eichenbestanden [Q] lindornea

Eid [Q] vanda, vere; [S] g(o)west, gwaedh, gwest

eidgetreu [Q] vórima

eifrig [S] bara

Eigentum [S] garn

Eile [Q] horme

Einbildungskraft [Q] intyale

Eindruck [S] thîr

Einfriedung [Q] corin, panda; [S] cerin, ephel

eingestürzt [Q] atalantea

eins [Q] er, mine; [S] min

einsam [Q] eressea; [S] ereb

Einsamkeit [Q] eresse

Einsicht [Q] tercenye

einst (früher) [Q] yá

einstig (künftig) [Q] enta

einstmals [Q] yalúme, yáresse, yasse; [S] io

einstürzen [Q] atalta-

eintreten [S] minno

einzeln [Q] erya; [S] minei

einzig [S] minei

Einzigartigkeit [Q] erde

Eis [Q] helce; [S] heleg

Eisblume [Q] niqesse

Eisen [Q] anga; [S] ang

eisenhändig [Q] angamaite

eisern [Q] angaina; [S] angren

eiskalt [Q] helc; [S] helch

Eisvogel [Q] halatir(no); [S] heledir(n)

Eiszapfen [Q] helcelimbe

Elb [Q] elda, qende; [S] edhel, eledh, penedh

Elb (m.) [Q] qendo; [S] ellon

Elben [Q] Eldar, Minnónar, Qendi; [S] Elidh, Eledh-rim

Elbentum [Q] Eldalië

Elbin (f.) [Q] qendu; [S] elleth

elbisch [Q] eldaiva

Elbisch (Sprache) [Q] Eldarin

Elefant [Q] andamundo; [S] andabon

elf [Q] minqe

Eltern [Q] nostari, ontani; [S] odhril

Ende [Q] metta, tyel; [S] methen

Ende (glückliches) [Q] manar

Ende, unteres oder hinteres von ... [S] -tal

enden [Q] tele-, tyel-

endgültig [Q] tyelima

endlich [S] na vedui

eng [Q] arca; [S] agr

Engel [Q] Ainu
Engpass [Q] acsa; [S] aglon
Enkel [Q] indyo; [S] endo
Ent [S] onod
ent- [Q] au-
entfachen [Q] tinta-
entfalten, sich [Q] panta-
entgegentreten [S] nivra
entkleiden [S] helta
entlegen [Q] avahaira, eccaira, eressea, haira
entzünden [Q] tinta-
er [Q] -ro (Pronominalsuffix), su, -so (Suffix für
    3. Pers. sg. m.); [S] e, ho
Erbauer [S] dan
Erbe [S] chíl, haryon, réd
erblicken [Q] cen-
Erdboden [S] coe
Erde [Q] arda; [S] ambar, ardh
erdenken [S] nautha
Erdreich [Q] cemen; [S] cef
erfinden [Q] auta-
Erfindung [Q] aule; [S] gaud
erfreulich [S] mae
ergreifen [Q] mapa-
erhaben [Q] tára; varda; [S] barada
erheben [Q] orta-; [S] ortho
Erhebung [Q] óre

Erinnerung [Q] enyalië
Erlaubnis [S] dâf
erlösen [S] lheitho
Erlösung [S] leithian
erneuern [Q] envinya-
Ernte [Q] yáve
erraten [Q] intya-
erschaffen [Q] onta-
Erscheinung, göttliche [Q] fána
erschlagen [S] degi
erschlagen (part.) [S] ndangen
ersinnen [S] nautha
erst [Q] inga
erst- (adj.) [Q] minya
erstens [Q] minya
erstrecken, sich [Q] palu-
ertränken [Q] unduláv-
Erwachen [Q] cuive
erwachend [Q] cuivea; [S] echui(w)
erwachsen [Q] vea
Erwachsener [Q] veaner
erweitert [Q] taina
Erweiterung [Q] taile
erzählen [Q] nyár-; [S] naro (poet.), trenarië, treneri
Erzähler [Q] qentaro; [S] pethron
Erzählung [Q] nyáre, nyarna, qenta; [S] narn, pent,
  trenarn

E

Erzählung, historische [Q] lúmenyáre
Erzählung, neue [S] sinnarn
Erzeuger [Q] ontaro; [S] ceredir, odhril
Erzeugnis [Q] tanwe
es [Q] ta; [S] ha
essen [Q] mat-; [S] medi
ewig [Q] oio; [S] uireb
ewig schneebedeckt [Q] oiolosse; [S] uilos
Ewigkeit [Q] oire; [S] uir
ewiglich [Q] oiale
exakt [S] lhaeg
Exilant [S] egledhron
exiliert [S] eglenn
Exil-Noldo [S] Gódhel

F f

Fackel [S] iolf
fahl [Q] malwa; [S] malw
fahren [Q] lelya-, ranya-
fahrend [Q] ránen; [S] rhaun
Fährte [Q] runya; [S] rhoein
falb [Q] marya; [S] meidh
Fall [Q] atalantië
Falle [Q] neuma; [S] hniof
fallen [Q] lanta-; [S] dant

fallend [S] talt

falsch [Q] raica; [S] rhoeg

Familie [Q] nosse

fangen [S] gad-

Fangzahn [Q] atsa

faulig [Q] saura; [S] thaw

Faust [Q] qár(e); [S] drambor, paur

Fausthieb [S] drambor

fechten [S] dringo

Feder [Q] qesse

Federstrich [Q] tecco

fehl- [S] mael

fein [Q] tereva; [S] thlinn, trîw

Feind [Q] cotumo; [S] coth, goth

feindlich [Q] cotya

Feindschaft [S] coth

Feld, umzäuntes [Q] peler; [S] pel

Fell [Q] helma; [S] helf

Felsen [Q] ondo; [S] gond, gonn

Felszacken [S] carag

Fenn [S] lô

Fenster [S] henneth

fern [Q] eccaira, haira; [Q, S] palan

Fertigkeit [Q] curwe; [S] curu

fest [Q] tanca, tulca; [S] tanc

Fest [Q] meren(de); [S] mereth

festhalten an ... [Q] himya-

festlich [Q] merya

Festtag [Q] asar, meryale

Festung [Q] arta, osto; [S] barad, garth, min(n)as, ost

fett [Q] tiuca; [S] tûg

feucht [Q] níte; [S] lhimp

Feuchtigkeit [S] mîd

Feuchtwiese [Q] nanda

Feuer [Q] nár(e); [S] naur

Feuerdrache [Q] urulóce

feuerrot [Q] cullo, culda, narwa; [S] ruin

finden [Q] hir-, túv-

Finger [Q] lepse; [S] lhebed

finster [Q] lóme

Finsternis [Q] ungwe; [S] maur, ungol

Fisch [Q] hala, lingwe; [S] lhim(b)

Fischdrache [Q] lingwilóce; [S] lhimlug

flach [Q] lára; [S] dalw

Fläche [S] dalath

Flamme [Q] nár(e); [S] naur

Flamme, rote [Q] rúnya

flammenäugig [S] lachend

flammend [S] ruin

flattern [S] blebi

Flechte [Q] finde

flechten [Q] riga-

Fleck [Q] motto, vacse; [S] gwass, mael, peg

Fleisch [Q] apsa; [S] aes, hráve
fliegen [S] rhenio
fließen [Q] ulya-; [S] sirio, rhimp
fließend [Q] úlea
flink [Q] tyelca; [S] celeg
Fluch [S] rach
Flügel [Q] ráma; [S] rhofal
Flügeldrache [Q] rámalóce
Fluß [Q] síre; [S] celon, duin, sîr, -ló
Flußbett [S] rath
flüssig [Q] úlea
Flußmündung [Q] etsir; [S] ethir
Flußufer [Q] ráva
Flüsterlaut [Q] lusse; [S] thloss
flüstern [Q] lussa-
Flut [Q] ulunde
folgen (zeitlich) [Q] hilya-
folgen (hinter jemand her gehen) [S] aphad
Folter [Q] nwalme, ungwale; [S] baul
foltern [Q] nwalya-
Form [S] cant
formbar [Q, S] macsa
formen [Q] canta-; [S] echedi (1. ps. sg.)
fort [Q] et-, vanwa, au-, oa; [S] gwann
fort! [Q] heca!; [S] ego!
fortgehen [Q] auta-, vanya-; [S] egledhi, gwanno
fortwährend (adv.) [S] him

fortwandern [Q] linna-

Frau [Q] nis; [S] bess, dess, dî

Frau (sterbliche) [S] adaneth

frei [Q] mirima; [S] lhein

Freude [Q] alasse; [S] gell, glas

Freund [Q] meldo, nildo; [S] mellon

»Freund von ...« [Q] -(n)dil (Suffix)

freundlich [Q] nilda; [S] mîlui

Freundschaft [Q] nilme

Frieden [Q] sére; [S] sîdh

friedlich [Q] senda

frisch [Q] wenya

Frische [Q] wén

fronen [Q] móta-; [S] múdo

Frosch [S] cabr

Frost [Q] nixe

Frucht [Q] yáve

früher [Q] yá; [S] io

Frühherbst [Q] Yavië; [S] iavas

Frühling [Q] tuile; [S] ethuil

führen [S] tegi

Fülle [Q] fáre, úve; [S] pathred

füllen [Q] qat-; [S] pannod

fünf [Q] lempe; [S] lheben

Funke [Q] fea, tinwe; [S] tinw

funkeln [Q] mirilya-, tintil-

Funkendrache [Q] fealóce

für immer [Q] tennoio
für mich [S] anim
Furcht [Q] yelma; [S] nifred
furchtbar [S] gaer
fürchten [Q] aista-; [S] gae, gosta
Fürst [Q] cundu; [S] cunn, ernil, garon, haryon
Furt [S] athrad
Fuß [Q] tál; [S] dal, tâl
Fuß (eines Tieres) [S] pôd
Fußboden [S] panas
Fußschemel [S] tharad
Fußsohle [Q] tallune; [S] telloein
Fußtapfen [Q] runya; [S] rhoein

G g

Gabe [Q] anna
Gabelzunge [S] lhamthanc
gähnen [Q] háca-, yanga-
Gang [Q] vanta; [S] iôr
Gans [Q] ván; [S] gwaun
Gatte [Q] verno; [S] benn, herven(n)
Gattin [Q] indis, vesse; [S] bess
Gebärdensprache [Q] hwerme
Gebäude [Q] ataqe; [S] adab
Gebeine [Q] axor

geben [Q] anta-; [S] anno
Gebet [Q] cyerme
Gebiet [Q] arda; [S] ardh, lhann
gebieten [Q] val-
Gebilde [Q] tanwe
Gebirgsausläufer [Q] sunda
gebirgsbewohnend [Q] orofarne
Gebirgspaß [S] cirith
Gebiß [Q] anca; [S] anc
gebogen [Q] cúna, rempa; [S] cûn
geboren werden [S] minno
Gebrauch [S] iuith
gebrauchen [S] iuitho, tortho
gebrechlich [Q] engwa
gebunden [Q] nauta; [S] naud
Gedanke [Q] nause; [S] nauth
Gedankenreichtum [S] idher
Gedankenübertragung [Q] osanwe centa
Gedicht [Q] laire; [S] glaer, glîr
Gedränge [Q] sanga
geeignet [Q] mára
Gefälle [Q] pende; [S] pend, talad
Gefängnis [Q] mando; [S] band
Gefecht [S] maeth
Gefolgsmann [S] bior
geformt [Q] canta; [S] cadw
Gegend [Q] ména

Gehege [Q] panda

geheim [Q] muina, nulla; [S] dolen, moina

Geheimhaltung [Q] muile

geheimnisvoll [S] thúrin

Geheimwissen [Q] ingóle, ngolwe; [S] golw

gehen [Q] lelya-, vanta-; [S] trevedi

Geheul [S] gawad

Gehör [S] lhaw

Geist [Q] coacalina, eala, faire, fea, indo, súle; [S] fae(r), ind

Geist, hingeschiedener [Q] manu; [S] mân

gekränkt [S] neithan

gekrönt [Q] rína; [S] rhîn

Gelächter [S] lalaith

gelb [Q] malina; [S] malen

Gelegenheit [Q] lú

gelehrt [Q] istima, ngóla, noldo; [S] istui

Gelehrter [Q] ingolmo, ist(y)ar, ngoldo; [S] ithron

Geleier [Q] vorogandele

geliebt [Q] melda

Geliebte [Q] melisse

Geliebter [Q] melindo; [S] mellon

Gelüst [Q] maile; [S] moel

gemäß [S] ben

gemein [Q] faica; [S] foeg

Gemeinsprache [Q] soval phare

Gemüt [Q] indo; [S] ind

genug [Q] fárea; [S] far

Genüge [Q] fáre

genügen [Q] farya-

gerade [S] taer

gerade Strecke [Q] tea

geräumig [Q] landa, úra

Geruch [Q] holme, usqe; [S] ul

gescheit [Q] handa; [S] hann

Geschenk [Q] anna

Geschichte [Q] lúmeqentale, nyáre, qenta; [S] gobennas, pennas

Geschichtsschreibung [S] gobennas

Geschicklichkeit [Q] finya; [S] curu

geschickt [Q] formaite, maite; [S] maen, moed

Geschmack [Q] tyáve

Geschöpf [Q] onna; [S] ûn

Geschrei [Q] yalme

geschrumpft [S] niben

geschützt [Q] varna

gesegnet [Q] alya, aman, herenya

Gesetz [Q] axan, namna, sanye

gesetzmäßig [Q] sanya

gesichert [Q] tanca; [S] tanc

Gesicht [Q] anta, olo(s); [S] nîf

Gestank [Q] usqe; [S] angol, thû

gestirnt [Q] elda

gestutzt [Q] nauca; [S] naug

Getöse [S] glam(b)

getötet [S] ndangen

Getreide [S] iaw

getreu [S] sadron

getrieben [S] horn

Gewächs [S] galas

Gewalt [Q] orme; [S] breged

gewaltig [S] taur

gewaltsam [S] asgar

Gewandtheit [Q] finya

Gewebe [Q] lanat, natse; [S] nath

Gewohnheit [Q] haime; [S] haew

gezwungen [S] horn

Gier [Q] milme; [S] moel

gierig [Q] mailea; [S] melch

gießen [Q] ulya-

Gift [Q] sangwa; [S] saew

Gischt [Q] falle, wing; [S] falf

Glanz [Q] alata, rilya; [S] aglar

-glanz (Suffix) [Q, S] -ril

glänzen [S] thilio

glänzend [Q] calina

Glas [Q] hyelle; [S] hele

glatt [Q] pasta; [S] path

Gleißen [Q] rilya

Glitzern [Q] rilma

Glocke [Q] nyelle; [S] nell

Glück [Q] alma; [S] galw

Glut [Q] yúla

Gold (Metall) [Q] malda; [S] malt

Gold(glanz) [Q] laure; [S] glor

Goldammer [Q] ammale; [S] em(m)elin

goldblond [S] glor

golden [Q] malina; [S] malthen

goldglänzend [Q] laurea; [S] glor

goldrot [Q] cullo; [S] coll, cull

gottgewollt [Q] valya

Gottheit [Q] valasse

göttlich [Q] valaina

Göttlichkeit [Q] valasse

Grab [Q] noire; [S] sarch

graben [S] rosto

Grabhügel [S] haudh

Grabung [S] groth

Grammatik [Q] tengwesta

Gras [Q] salqe

Gras, trockenes [Q] sara; [S] thâr

Grasland [S] nan(d)

Grau [S] gwath

grau [Q] hiswa, sinde; [S] mithren, thind

Grauelb [Q] sinda

Grauelbisch [Q] Sindarin

Grauen [S] del, gorgor, goroth

grausam [Q] nwalca; [S] balc(h), baug

Grenze [Q] réna, ríma; [S] glan, rhein, rhîf, rim

grimmig [S] bregol, bara

groß [Q] alta, tunda; [S] beleg, daer, tond

Großer Bär [Q] Otselen; [S] Edegil

Grube [Q] latta

grün [Q] ezel, wenya; [S] calen, galen, gwene, laeg, laica

Grund [S] talaf

Grundlage [Q] sunda, talma

Grünelb [S] Laegel

Grünelben [Q] Laiqendi; [S] Laegil

Gruß [S] suilad

grüßen [S] suilannad

gut [Q] mea; [S] mae

Güter [Q] armar

Hh

Haar [Q] locse; [S] lhaews

Haar (geflochten) [S] findel

habgierig [Q] milca

Hafen [Q] hópa, londe; [S] cirban, hûb, lond

Hafeneinfahrt [Q] londe

Haken [Q] ampa, atsa; [S] gamp

hakenförmig [Q] rempa

halb [S] per

Halbelb [S] peredhel

halbieren [Q] perya-

Halbling [S] perian

Hall [Q] láma

Halle [Q] marde; [S] tham(b)

hallend [Q] lámina

Hals [Q] yat; [S] iaeth

halsstarrig [S] tarlanc

Halt [Q] putta, tulco; [S] post

halt! [S] daro!

haltbar [S] bronadui

halten [S] deri

Haltung [S] thîr

Hammer [Q] namba; [S] dam

hämmern [Q] namba-; [S] damna-

Hand [Q] cam(b), má, qár(e); [S] mab

Handarbeit [Q] tanwe

Handel [Q] mancale; [S] banc

Handel treiben [Q] manca-; [S] banga

handfertig [Q] maite

handhaben [S] matho

handhaben (Waffen) [Q] mahta-

Händler [Q] mancar; [S] bachor

handlich [Q] maite; [S] maer

Handvoll [Q] cambe, camland

Handwerk [Q] curwe; [S] curu, maenas

Handwerker [Q] tano; [S] thavron

Hang [S] pinn
hängen [Q] linga-; [S] gling
Harfe [Q] ngande; [S] gandel
Harfe, kleine [Q] ngandelle
harfen [Q] nganda-; [S] gannado
Harfenspiel [Q] ngandele, vorogandele
Harfner [Q] ngandaro, tyalangan; [S] talagand
Haspe [Q] tangwa; [S] taew
Hast [Q] orme
hastig [Q] orna
Hatz [Q] raime; [S] rhui(w)
Haube [Q] telme
Hauch [Q] hwesta; [S] chwest
hauchen [Q] hwesta-, súya-
hauen [Q] palpa-; [S] dravo
Hauer (Zahn) [S] carch
Haufen [Q] cumbe, hahta, sanga; [S] cum(b)
Haus [Q] ataqe; [S] adab, bar, car(dh)
Hausvolk [Q] nosse; [S] herth, noss
Haut [Q] helma
Heer [Q] rimbe; [S] rhem(b), rim
Heerführer [Q] cáno; [S] cunn
heftig [Q] naraca, verca; [S] asgar
Heil! [Q] aiya!
heilig [Q] aina, aman
Heiliger [Q] Ainu

Heiligtum [Q] yána; [S] iaun

Heimat [Q] mar; [S] mbar

Heimlichkeit [Q] muile

heiraten [Q] vesta-

heiß [S] born

Held [Q] callo; [S] callon, thalion

hell [Q] ancalima (Superlativ), calina, vanya;
  [S] nim(p)

hellfarbig [S] calen

Helm [Q] cassa; [S] thôl

herabstoßend [S] thôr

heran- [Q] hó-

heraus- [Q] hó-

herbeirufen [Q] tulta-

Herbst [Q] Lasselanta, Narqelion; [S] Lhasbelin,
  Narbeleth

Herr [Q] cáno, heru; [S] hîr

herrichten [Q] panya-; [S] penio

herum- [S] os-

herumschneiden [S] esgeri

heruntergekommen [S] niben

hervorkommen [Q] hótuli

Herz [Q] hón, indo; [S] hûn, ind

Herzenskraft [Q] huore; [S] huor

hetzen [Q] roita-

heulen [S] gaw

Hexerei [S] morgul

hier [Q] sinome; [S] nev
Himmel [Q] helle; [Q, S] menel; [S] gell
himmelblau [Q] helwa; [S] gelu
hinab [Q] nún, undu; [S] nu
hinabziehen [Q] unduláv-
hinaus- [Q] et-; [S] ed-
hinein [Q] mir, minna
Hingeschiedene (Elben) [S] Gwenwin
hinken [S] laba
hinnen [S] nev
hinscheiden [S] gwanno
hinter [Q] pella; [S] adel
hinunter [Q] nún, undu; [S] nu
hinweisen [Q] tana-
Hirsch [S] aras
Historie [Q] lúmeqentale; [S] gobennas, pennas
historisch [Q] lúmeqentalea; [S] gobennathren
Hitze [Q] úre; [S] brass
hitzig [S] bara
Hobbit [S] perian
hoch [Q, S] ar(a)-; [Q] halle, oro, tára, tunda, varda;
    [S] tond
Hochelben [Q] Tareldar
hochgesinnt [Q] faila; [S] fael
»Hochmensch« (Númenórer) [Q] tarcil
Hochzeit [Q] vestale
Hoffnung [S] amdir, estel

Höhenzug [S] tyrn (pl.)

hohl [Q] náva, unqa; [S] nov, rhaudh

Höhle [Q] felya, rondo; [S] fela, gath, rhond, rond, torech

Höhlenfestung [S] othrond

Höhlung [Q] unqe

Hohn [Q] yaiwe; [S] iaew

holen [Q] tulta-; [S] toltho

Holz [Q] tavar; [S] tawar

hölzern [Q] taurina; [S] tawaren

Holzkloben [Q] runda

Honig [Q] lis; [S] glî

Horde [S] hoth

Horn [Q] rasse, -til, tilde; [S] -dil, ras, tild

Horn (Blasinstrument) [Q] róma; [S] rhom

Hörnerschall [S] rhomrhû

Hügel [Q] coron, cumbe, hahta, tundo; [S] cerin, cum(b), tund

Hügelgräber [S] gorthad

Hügelkette [S] tyrn (pl.)

Hügelkuppe [Q] nóla; [S] dôl

Hund [Q] huo; [S] hû

hüpfen [S] laba

Hütte [Q] ampano

I

ich [Q] inye, ni; [S] im
Idee [Q] noa; [S] inc, naw
ihr [Q] elle
immer [Q] oi
immerwährend [Q] oia
in [S] di
in den (die, das) [Q] mi
»in weite Ferne« [S] na-chaered
Individualität [Q] erde; [S] eredh
Inhaber [Q] colindo
Inkarnationen [Q] mirroanwi
innehalten [Q] tápa-
Innenhand [Q] camland
innerlich [Q] mitya
Insel [Q] lóna, [Q, S] tol
insgesamt [S] fain
instabil [S] talt
Intelligenz [Q] handasse; [S] hannas
irden [Q] cemina; [S] cevn
irgendjemand [Q] aiqen
Irrtum [S] mist
Irrweg [S] mistrad

J

Jagd [Q] farasse, faróbe, raime; [S] faras, rhui(w)
Jagdhund [Q] huan, ronyo; [S] rhŷn
jagen [Q] roita-; [S] faro
Jäger [S] faron, feredir
jäh [S] bregol
Jahr [Q] coranar, loa; [S] idhrin(d), în
Jahr (valinorisches) [Q] yén; [S] ennin
Jahr, voriges [Q] yenya
Jahrestag [S] edinar
Jahrhundert [Q] haranye
jeder einzelne [Q] ilqen
jedes einzelne [Q] ilqa
jemand [Q] qén; [S] ben
jenes [Q] ta
jenes (Frühere) [Q] yana, yara
jenseits [Q] pella; [S] hae, thar-
jetzt [Q] sí; [S] hi
Joch [Q] yanta; [S] iant
Jubel [S] gellam
Jugend [Q] nése, wén; [S] nîth
jugendlich [Q] nessima
jung [Q] nessa; [S] neth
Jungfer [S] sell (poet.)
Jungfrau [Q] wende; [S] gwenn
Jungfräulichkeit [Q] wéne; [S] gweneth

Juwel [Q] míre, miril; [S] mîr
Juwelenschmied [S] mírdan

K k

kahl [S] lanc, muil, rûdh
Kalender [S] genediad
kalt [Q] ninqe, ringe; [S] him, rhing
Kälte [Q] niqe
Kammer [Q] sambe; [S] samb
Kampf [S] maeth
kämpfen [Q] costa-; mahta-; [S] cost, maetha
Kanal [Q] celma
Kante [S] nass
Kap [Q] mundo; [S] bund, ras
Kapuze [Q] telme
Kauderwelsch [S] lambe
Kehle [Q] lanco; [S] lhanc
Keil [S] naith
Keim [Q] erde; [S] eredh
Keller [S] gath
Kenntnis [Q] centa, hande
Kerker [Q] mando; [S] band, gadr
Kern [Q] erde; [S] eredh
Kette [S] angwedh, lhîr
Keule [S] grond

Kiefer [Q] anca, nangwa; [S] naew

Kiefer (Baum) [S] thaun

Kies [S] brith

Kiesel [Q] sar; [S] sarn

Kind [Q, S] hin

Kissen [Q] nirwa; [S] nedhw, pesseg

klaffen [Q] yanga-

Klage [Q] nainië, naire; [S] nirnaeth

Klagelied [Q] dénië

klagen [Q] naina-

Klammer [Q] tangwa; [S] taew

Klaue [Q] atsa

klebrig [S] hîw

Klecks [Q] motto

kleiden [S] hab-

Kleidung [S] hammad

Kleidungsstück [S] hamp

klein [Q] pitya, titta; [S] niben, pigen, tithen

Kleinkind [Q] lapse; [S] lhaes

Kleinod [Q] harma, míre; [S] mîr

Kleinzwerg [Q] picinauco

Klinge [S] hathel

klopfen [Q] tamba-; [S] tamno

klug [Q] handa, ngóla, noldo; [S] hann, idhren

Klugheit [Q] handasse; [S] hannas

Knecht [Q] mól; [S] mûl

Knochen [Q] axo

Knospe [Q] tuima; [S] tui(w)

knospen [Q] tuia-; [S] tuio

Knoten [Q] narda, núte; [S] nardh

Knüppel [Q] runda

kommen [Q] túl-; [S] teli

kommen lassen [Q] tulta-

König [Q] haran, Tar (Titel); [S] aran, taur (arch.)

Königin [S] bereth, rhîs

königlich [Q, S] ar(a)-

Königsdiener [Q, S] arandur

Königsfreund [Q, S] arandil

K

Können [Q] túre; [S] tûr

Kopf [Q] cár

Körper [Q] erma

Körper (eines Lebewesens) [Q] hroa; [S] hráve

Körperkraft [Q] tuo; [S] bellas, tû

Kosmogonie [Q] Ambarcanta

Kostbarkeit [Q] míre

kosten [Q] tyáv-

Kraft [Q] veasse, vië

kräftig [S] belda

Krähe [Q] corco, qáco; [S] corch, craban

Kralle [S] gamp

Krampe [Q] tangwa; [S] taew

krank [Q] caimassea, engwa, laiwa; [S] caeleb,
  flaew

Krankheit [Q] caila, caimasse, líve, qame; [S] cael, fliw, paw

kratzen [S] thribi

Kraut [Q] asea; [S] galenas, salab

Kreatur [Q] onna; [S] ûn

Kreis [Q] rinde; [S] cor, rhind

kreiseln [Q] hwinya-; [S] chwinio

kreisförmig [S] rhinn

kreisrund [Q] rinda

Krieg [Q] ohta; [S] auth

Krieg führen [S] dagro

Krieger [Q, S] macar; [Q] mahtar, ohtatyaro; [S] maethor

Kristall [S] bril

Krone [Q] rië; [S] rhî

krumm [Q] ragna; [S] cûn, cúna, rhaen

Kugel [Q] coron

kühl [Q] ninqe; [S] him

kühn [Q] canya, verya; [S] beren, cann

Kühnheit [Q] cáne, veryië

Kunde [Q] centa, ingóle, ngolwe; [S] golw, ist

kundig [Q] ngóla; [S] golwen, istui

Kunst [Q] carme

kunstfertig [S] maen

Kunstfertigkeit [S] maenas

Kupfer [Q] rauta

kupferrot [Q] aira; [S] goer

Kupferschmied [Q] nambarauto
Kuppel [Q] telume; [S] telu
Kuppeldach [Q] coromindo(n); [S] rond
kurz [Q] sinta; [S] thent
Kürze (Vokalzeichen) [S] thinnas
Küste [Q] falasse, hyapat; [S] falas, habad, rast
»Küstensprache« (Westron) [S] Falathren

L

Lager [S] caew, echad
Lampe [Q] calma; [S] celeir
Lampenmacher [S] celerdan
Land [Q] nóre; [S] dor, mbar
Landenge [Q] yanwe, yat
lang [Q] anda; [S] and, taen
Langbart [S] An(d)fang
Langbärte [Q] Andafangar
Langbein [Q] telcontar
lange [Q] andave; [S] anann
langlebig [S] ifant
Lärche [Q] fine; [S] spine
Lärm [Q] yalme; [S] glam(b)
Laub [Q] olassië; [S] golas
laubgrau [Q] lassemista
Lauf [S] iôr

-lauf (Endung von Flußnamen) [S] -rant
Lauscher [S] lathron
laut [S] bruin
Laut [Q] hlon
lauten [Q] lamya-
lautlich [Q] hlonite
Lautschriftzeichen [Q] hlonite tengwi
Leben [Q] cuile; [S] cuil
leben (am Leben sein) [Q] cuile; [S] guino (cuino)
lebendig [Q] cuina; [S] cuin
Lebensbrot [Q] coimas
Lebewohl [Q] namárië
lecken [Q] lapsa-, láv-; [S] lhefi
leer [Q] cumna, lusta; [S] caun, lhost
Leere [Q] cúma; [S] cofn
leeren [S] sautha-
leerhändig [S] camlost
Legende [Q] yarna
Leib [Q] hroa; [S] hráve
Leichnam [Q] qelet; [S] daen
lenken [S] tortho
Lerche [S] aimenel, lirulin
letzt- [Q] métima; [S] vedui
letzte(r) [Q] telda; [S] vedui
leuchten [Q] calta-, faina-, sila-
Leuchten [S] glaw
Leute [Q] lië

Licht [Q] cala; [S] calad, galad
Licht, helles [S] gail
Lichtelben [Q] Calaqendi
Lichtfreunde [S] celbin
Lichtstrahl [Q] alca
lieb [Q] melin, moina; [S] mell, muin
Liebe [Q] melme; [S] meleth
lieben [Q] mel-
liebenswürdig [Q] melima
liebevoll [S] mîlui
Liebhaber [S] melethron
Liebhaberin [S] melethril
lieblich [Q] írima; [S] lhend
Lied [S] glîr, glaer
liegen [Q] caita-
Lilie [Q] indil
Lindwurm [Q] angulóce; [S] amlug
Linie [S] tî
linke Hand [S] crum
links [Q] hyarya; [S] crom, heir
linkshändig [Q] hyarmaite; [S] crumai, hargam
listig [S] corw
Lobpreisung [Q] laitale
Loch [Q] assa, latta; [S] gas
Locke [S] lhoch
lockern [Q] leuca-
Lösegeld [S] danwedh

lösen [Q] leuca-
Löwe [Q] rá
Lücke [S] gas
Lückenfüller [S] gasdil
Luft [Q] vilya
lüstern [Q] mailea; [S] moelui

M m

machen [Q] cár-; [S] garo
Macher [S] ceredir, dan
Macht, göttliche [Q] Vala
mächtig [Q] taura; [S] beleg, taur
Mädchen [S] -wen (Namenssuffix)
mager [S] thlein
Magie [Q] ingóle; [S] gûl
Magie, schwarze [S] morgul
Magier [S] gollor, ithron
Mahlzeit [Q] apsa; [S] aes
Maid [Q] wende; [S] gwenn, sell
Makel [Q] mordo, vacse; [S] gwass, mael
Mallorn [Q] malinorne; [S] mallorn
Mann [Q] dér, nér, veo; [S] benn, ceredir
Mann (männliches Tier) [Q] hanu; [S] anw
mannhaft [Q] vea
Mannhaftigkeit [Q] veasse, vië; [S] gweth

männlich [Q] hanwa

Mantel [Q] collo

Margerite [S] eiriën

Maschine [S] gaud

Mastbaum [Q] tyulma

Materie [Q] erma, hroa

Mathematiker [Q] nótengolmo

Matrose [Q] ciryaqen

Mauer [Q] ramba; [S] ram

Meer [Q] ear; [S] aer

Meer, großes [Q] Alataire; [S] Belegaer

Meerelb [Q] solonel

Meerenge [S] lhonn

Meeresstraße [Q] londe; [S] lhonn

Mehl [Q] pore

mein [Q] enya, -nya (Suffix)

Meister [Q] -turo, tur- (Suffix oder Präfix); [S] hîr

meistern [Q] tura-; [S] tortho

Meisterschaft [Q] túre; [S] tûr

Meisterschmied [Q] artano

Melodie [Q] linde; [S] lhind

melodisch [Q] linda; [S] lhend

Menge [Q] hosta, rimbe, sanga; [S] hoth, ovras, rhem(b), rim

Mensch [Q] atan; [S] adan, aphadon

Menschen [Q] Apanónar, Fírimar, Hildor; [S] abonnen, aphadrim

menschlich [Q] firya; [S] firen

Messer [Q] sicil; [S] sigil

Metall [Q] tinco; [S] rhaud, tinc

Miauen (von Möwen oder Katzen) [Q] miule

mich [S] nin

Miene [S] thîr

Mine [S] habar

mir [Q] nin; [S] anim

Mißgeschick [Q] umbar; [S] úmarth

mit- [Q] ó-; [S] go-, gwa-

mit Erlaubnis [Q] lenéme

Mitte [Q] ende; [S] ened(h)

mittel- [Q] endya; [S] ened(h), nedh-

Mittelerde [Q] Ambarenya, Endóre; [S] Ennor, Ennorath

Mittjahrstag [Q] loende

Moment [Q] lú

Monat [Q] asta

Mond [Q] Isil, Rána; [S] Ithil, Rhân

Mondsichel [S] cúran

Morgen [Q] arin, artuile

Morgendämmerung [Q] ára; [S] minuial

Morgendämmerung, sternhelle [Q] tindóme

morgendlich (auch adv.) [Q] arinya

Möwe [Q] maiwe; [S] maew

Mühe [S] tars

Mulde [Q] unqe

Mund [Q] anto, pé,
Mundart [Q] lambe
Muschel [Q] hyalma
Musik [Q] lindele
Mut [Q] huore; [S] huor
Mutter [Q] amil, ontare; [S] aman, naneth
Mütterchen [S] nana
Muttername [Q] amilesse

N n

nach innen [Q] mir, minna
Nachdenklichkeit [S] idher
Nachfolger [Q] hildo, neuro; [S] chíl
Nachfolger (pl.) [S] abonnen
nachfüllen [Q] enqanta-
Nachhut [Q] telle
Nachkomme [Q] hildo, indyo; [S] endo
nachkommen [Q] hilya-
Nachrichten [S] siniath
Nacht [Q] fui, ló, lóme, mornië; [S] daw, fuin, môr
Nachteinbruch [S] dû
Nachtigall [Q] lómelinde, morilinde, tindómerel;
  [S] dúlind, moerilind, tinúviël
nächtlich [Q] lómea
Nachtschatten [S] dú(w)ath

Nachzügler [Q] teler
nackt [Q] helda; [S] hell, lanc
Nagel [Q] tacse
nahen (sich nähern) [S] anglenno (?)
Name [Q] esse
Namenkunde [Q] essecenta
Namensfindung [Q] essecarme
Namenswahl [Q] essecilme
nasal [Q] nengwea
Nase [Q] mundo, nengwe; [S] bund, nem(b)
nass [Q] linqe, micsa; [S] lhimp, mesg
Nebel [Q] hísië; [S] hith, mith
neben [Q] ar(a)
neblig [S] hethw
nein [Q] lá, mú
nein! (»Lass das!«) [Q] va!; [S] baw!
Nektar [Q] miruvóre
nennen [Q] esta
Nest [S] torech
Netz [Q] natse, rembe; [S] nath, rem
neu [Q] sinya, vinya; [S] eden, sein
Neuigkeiten [S] siniath
neun [Q] nerte; [S] neder
nicht [Q] lá, mú; [S] al- (Präfix)
nicht seßhaft [Q] mirima
nichtig [Q] lusta
niedergehen [Q] núme-

niemand [S] úner
Nieselregen [Q] miste, rosse
Nixe [Q] falmarin
Noldo [Q] ngoldo; [S] golodh
Norden [Q] formen; [S] forod
Nordland [S] Forodwaith
»Nordleute« [S] Forodwaith
nördlich [Q] formenya; [S] forn, forodren
normal [Q] sanya
Not [Q] maure; [S] baur, thang
nützlich [Q] mára; [S] maer

O₀

o! (Ausruf) [Q, S] a!
oben [S] caw
Oberfläche [Q] palme; [S] palath
Oberhaupt [Q] héra; [S] hîr
Oberteil [S] caw
öd [Q] erume; [S] eru, muil
oder [S] egor
offen (eben) [Q] latin(a); [S] lhaden
offen [Q] panta
öffnen [S] edro! (Imperativ)
öffnen, sich [Q] panta-; [S] panno
Öffnung [Q] assa

Ohr [S] lhewig
»Ohren« (Gehör) [S] lhaw
Orange [Q] culuma
orangerot [Q] culuina
Orden [Q] heren
ordentlich [Q] poica; [S] puig
Orion [S] Menelmacar
Ork [Q] orco; [S] orch
Ort [Q] men
Orthographie [Q] tencele
ost- [Q] róna
Osten [Q] rómen; [S] amrûn, rhûn
östlich [Q] rómenya
o weh! [Q, S] ai!; [Q] nai; [S] nae!

P p

packen [Q] mapa-
Pappel [Q] tyulusse; [S] tulus
pappelbestanden [Q] lintyulussea
Pass [S] cirith, lhonn
passend [S] maer
Pause [S] post
Pelz(-Mantel) [S] heleth
Pfad [S] bâd, lhonn
Pfahl [Q] samna

Pfeifenkraut [S] galenas
Pfeil [Q] pilin
Pfeiler [Q] tarma
Pferd [Q] rocco; [S] roch
Pflanze [Q] olva; [S] galas
Pflasterstein [Q] ambal
Pfosten [S] thafn
Pfote [S] pôd
Pfuhl [S] both
Pfütze [S] both
phantastisch [S] chwiniol
Phantom [Q] faire
Pilz [Q] hwan; [S] chwand
Pinselstrich [S] tecco
Plattform [Q, S] talan; [S] talaf
Platz außerhalb von ... [S] argad
Polster [Q] nirwa; [S] nedhw
Prinz [S] ernil
psalmodieren [Q] lir-
Punkt [Q] mente, ticse; [S] ment, peg
Punkt (Interpunktion) [Q] putta

Q_q

Qual [Q] nwalme, ungwale; [S] baul
quälen [Q] nwalya-

Quälgeist [Q] valarauco; [S] balrog
Quelle [Q] ehtele, nende; [S] eithel
Querbalken [Q] hwarma

R r

Rachen [Q] anca; [S] carach
Rand [Q] réna; [S] rhein
Rankenkraut [Q] uile; [S] uil
rasch [Q] larca, linta, tyelca; [S] celeg, lhagr
Raschellaut [S] thloss
Rascheln [Q] esce; [S] esg
Rasen [S] pathw
Rasse [Q] nóre; [S] nûr
Rast [Q] este, sére; [S] îdh, post
rasten [Q] hauta-
Ratte [S] nâr
Rauch [S] osp
Raum [Q] sambe; [S] samb
rechnen [Q] not-; [S] gonod
Recht [Q] sanye
rechts [Q] forya; [S] foeir, forn
rechtshändig [Q] formaite; [S] forgam
Regel [Q] axan, namna, sanye
Regen [Q] rosse; [S] ross
Regenbogen [Q] helyanwe; [S] eilian(w), ninniach

Region [Q] ména
regnen [S] oeil (3. ps. sg.)
rehbraun [Q] marya; [S] meidh
Reibelaut [Q] surya
reich [Q] alya, arwa, herenya
Reich [Q] arda; [S] ardh
reichlich [Q] úvea; [S] ofr
reichlich vorhanden sein [S] ovro
Reichtum [Q] alma; [S] galw
Reihe [Q] téma; [S] lhîr, tî
rein [Q] poica; [S] puig
reisen [Q] lelya-, linna-
reißen [Q] narci; [S] narcha
reißend [Q] naraca
Reiter [Q] roqen; [S] rochben, rochon
Richter [Q] námo; [S] badhor
Ried [Q] sara; [S] thâr
Riemen [Q] latta; [S] lhath
Riese [Q] norsa
Ring [Q] corma; [S] cor
ringsum [S] echor
Ringträger [Q] cormacolindo
Rinnsal [Q] siril
Riß [Q] hyatse
Ritzzeichen [Q] certa; [S] certh
roh [S] balc(h)
Rose [S] meril

R

rot [Q] carne, narwa; [S] born, caran, narw
rotgolden [Q] culda; [S] coll, cull
rötlich [Q] roina; [S] crann, gruin
Rotte [Q] nyano
Ruck [Q] rince; [S] rhinc
rucken [Q] rihta-; [S] rhitho
Rücken [S] dân
Rückseite [S] dân
Ruf [Q] yello
rufen [Q] yal-; [S] nallo
Ruhe [Q] este, sére; [S] îdh
ruhen [Q] hauta-, sérin (1. ps. sg.)
ruhig [Q] senda
Ruhm [Q] alacare; [S] aglar
rühmen [Q] laita-; [S] eglerio- (?)
ruhmreich [Q] alcarin(qa); [S] aglareb
rund [Q] corna; [S] corn, rhinn
Runde [S] cor
Rune [Q] certa; [S] certh

S s

Saal [Q] marde; [S] tham(b)
Säbel [Q] lango; [S] lhang
säen [Q] rerya-; [S] rhedi
Saft [Q] pirya, sáva; [S] peich, saw

saftig [S] pichen

Saga [Q] nyáre, nyarna, yarna; [S] narn

sagen [Q] qet-, qen-; [S] pedo, pen-

Salbe [Q] laive; [S] glaew

sammeln, sich [Q] hosta-

sämtlich [S] fain

Sand [Q] litse; [S] lith

Sänger [Q] lindo, nyello

sauber [Q] poica; [S] puig

Säule [Q] tarma

Saum [Q] ríma; [S] rhîf, rim

Schaf [Q] máma

Schaffen [Q] cárië

Schaffen, ewiges [Q] oiencarme

Schall [Q] lamma

Schar [Q] hosta, rimbe; [S] hoth, ovras, rhem(b)

scharf [Q] aica, laice, maica, tereva; [S] aeg, lhaeg, maeg

Schatten [Q] leo, lumbe, mordo, ungo; [S] dae, dair, gwath, lhum

schattenhaft [Q] halda; [S] lhumren

schattenlos [Q] úlaira

Schattenriss [S] morchant

Schattenzone [Q] laime

schattig [Q] laira

Schatz [Q] harma

Schauder [S] giri(th)

Schaum [Q] falle, wing; [S] falf, ross

schäumen [Q] falasta-; [S] faltho

scheiden [Q] vanya-

scheinen [Q] sila-; [S] thilio

scheinen (den Anschein haben) [S] thio

Schenkel [Q] tiuco

schenken [Q] anta-

Scheusal [Q] ulundo; [S] ulun(d), urug

schicken nach [Q] tulta-

Schicksal [Q] ambar, manar, maranwe, umbar; [S] amarth, manadh, úmarth

schief [Q] hwarin

Schiff [Q] cirya; [S] cair

Schiffbauer [Q] ciryatan; [S] círdan

Schiffsbug [Q] lango

Schild [Q] turma

Schildmauer [S] thangail

Schilf [S] esg, lis

Schilffeld [S] esgal

Schimmer [Q] tinde

-schimmer (Suffix) [Q, S] -ril

schimmern [Q] tin-; [S] thilio, tinno

schimmernd [S] gael

Schirm [S] ortheli

Schlacht [S] dagor

Schlachtfeld [S] dagorlad

Schlachtkeil [S] dírnaith

Schlaf [Q] lóre
schlafend [Q] lorna
Schlafzimmer [Q] caimasan
Schlag [S] dramb
schlagen [Q] palpa-; [S] dravo, dringo, matho
Schlange [Q] ango; [S] amlug
schlank [Q] ninde, teren(e); [S] fim, ninn
schlau [S] corw
schlecht [S] foeg, um
schleudern [S] hedi
Schlinge [S] haglath, hniof
Schlucht [Q] acsa, yáwe; [S] aglon, iâ, iau, rhiss
Schlund [S] carach
schlürfen [Q] salpa
Schluss [Q] telma; [S] tele
schmächtig [Q] ninde; [S] ninn
schmal [Q] teren(e); [S] agr, trîw
schmecken [Q] tyáv-
Schmerz [Q] naice; [S] naeg
schmerzen (intransitiv) [S] negro
schmerzhaft [Q] naicele(a); [S] naeth
Schmetterling [Q] wilwarin
Schmied [Q] tano
Schmutz [S] gweth
schmutzig [Q] vára; [S] gwaur
schnappen [S] rhitho
Schnauze [Q] mundo; [S] bund

Schnee [Q] losse, olos(se), niqe; [S] loss

Schneeflocke [Q] niëninqe; [S] nínim

Schneeglöckchen [S] nifredil

schneeig [S] lossen

Schneemenschen [S] Lossoth

schneeweiß [Q] losse; [S] glos(s)

schneiden [Q] cir-, rista-; [S] geri, rhisto

schnell [Q] larca; [S] lhagr, lim (?)

schnelle Bewegung [Q] rince

Schnitt [Q] cirisse, rista; [S] criss

Schnur [Q] latta; [S] nordh

schön [Q] írima, linda, melima, vanima, vanya;
[S] bein

Schöpfer [Q] tyaro; [S] -dan

Schöpfung [Q] cárië

schräg [Q] atlant

schräg abfallen [S] penna (3. ps. sg.)

Schrecken [Q] osse; [S] del, goroth, gost

schrecklich [S] gorthob, taur

schreiben [Q] teca-; [S] teitho

Schreibfeder [Q] tecil; [S] tegl

Schreibweise [Q] tencele

Schriftspalte [Q] téma

Schriftsprache [Q] tengwestië

Schriftzeichen [Q] tengwa; [S] têw, thêw

Schritt [Q] ranga

schuften [Q] móta-; [S] múdo

schützen [S] berio

schwach [S] chwind

Schwäche [S] chwîn

Schwalbe [Q] tuilindo; [S] tuilin(d)

Schwamm [Q] hwan; [S] chwand

Schwan [Q] alqa; [S] alph

schwarz [Q] more; [S] moru, vorn

Schwärze [Q] móre

Schwelbrand [Q] yúla; [S] iûl

Schwelle [Q] fenda; [S] fend

schwellen [Q] tiuya-; [S] tuio

schwer [Q] lunga; [S] lhong

Schwert [Q] macil; [S] crist, magol, megil

Schwertkämpfer [Q] mahtar; [Q, S] macar

Schwertlilie [S] ninglor

Schwester [Q] onóne, oselle, seler; [S] gwathel, thêl

Schwesterchen (Koseform) [S] muinthel

schwimmen [S] lhoda

Schwindel [S] chwîn

schwinden [Q] pica-, sinta-, [S] thinta

schwindend [Q] picala

schwindlig [S] chwind

Schwinge [Q] ráma; [S] rhofal

schwirren [Q] tinga-

schwören [S] gwesto

Schwund [S] beleth, gwanw

Schwung [Q] horéa

Schwurbruder [Q] otorno; [S] gwador

sechs [Q] enqe; [S] eneg

(Sechstage-)Woche [Q] enqië

See [S] aelin, nen

Seefahrer [Q] ciryamo

Seegeist [Q] falmarin

Seele [Q] coacalina, fea; [S] fae(r)

Seemuschel [S] half

Seeschlange [Q] lingwilóce; [S] lhimlug

Seetang [Q] earuile, uile; [S] uil

segeln [S] rhenio

Segen [Q] alma; [S] galw

sehen [Q] cen-; [S] tirad

sehet! [Q] aiya!

sei gegrüßt! [Q] aiya!

Seife [Q] lipsa; [S] glúdh

sein (Verb) [Q] ea-, na-

sein, seines, seine (besitzanzeigend) [S] dîn

selig [Q] almarea

Seligkeit [Q] almië

seufzen [Q] fíre

sich erheben [Q] orta-

Sichel [Q] circa; [S] cerch

sicher [Q] varna

Sicherheit [Q] varnasse

Sicht [S] tirad

sie [Q] si, se (Suffix für 3. ps. f.)

sie (3. ps. pl.) [Q] ente, te

sie (f. sg.) [Q] si, se; [S] he

sieben [Q] otso; [S] odo(g)

Siebengestirn [Q] Otselen

siedeln [S] dortho-

Siedlungsgebiet [S] dor

Sieger [Q, S] dacil

sieh da! [Q, S] ai!; [Q] ela!; [S] elo!

Silber [Q] telpe; [S] celeb

Silberfunke [S] gildin

Silberlicht [S] silith

Silbermünze [S] canath

silbern [Q] telemna, telepsa; [S] celebren

Silberschimmer [Q] nille

silbrig schimmernd [Q] tinda

singen [Q] lir-; [S] glin

Singvogel [Q] lindo

Sinn [Q] indo; [S] ind

Sinnesschärfe [Q] laice

Sippe [Q] nosse; [S] noss

Sippengenosse [S] gwanur

Sippengenossin [S] gwathel

Sirup [Q] pirya; [S] peich

sitzen [Q] ham-, hára-

Sklave [Q] mól; [S] mûl

Sohn [Q] yondo; [S] ionn

Soldat (Ork) [S] daug

Sommer [Q] laire; [S] laer

Sonne [Q] Anar; [S] Anor

Sonnenaufgang [Q] anaróre; [S] amrûn

Sonnenjahr [Q] coranar, loa

Sonnenlicht [Q] áre, aure

Sonnenuntergang [Q] an(a)dúne; [S] annûn

Spalte [Q] sanca; [S] cirith, criss, thanc

spalten [Q] cir-, rista; [S] rhisto

spalten [Q] hyarin (1. ps. sg.)

Spange [Q] tancil; [S] tachl

Spätherbst [Q] Qelle; [S] Firith

Specht [Q] tambaro; [S] tafr

Speer [Q] ecco; [S] ech

Speerkämpfer [Q] ehtyar

Speerspitze [S] aith, egthel, naith, thela

Speerwerfer [S] hador

speien [Q] piuta-; [S] puio

Spiegel [S] cenedhril

Spiel [S] teliën

Spiel(en) [Q] tyalië

spielen [S] telio

spießen [S] nasta

Spinne [Q] liante; [S] thlingril

Spinnennetz [Q] ungwe; [S] thling

Spinnwebe [Q] líne

Spinnwebfaden [Q] lia; [S] thlê

Spirant [Q] surya
spitz [Q] aica, laice; [S] aeg, lhaeg
Spitze [Q] tilde; [S] -dil, nass, tild
Sport [S] teliën
Spott [Q] yaiwe; [S] iaew
Sprache [Q] lambe, qetil; [S] lam
Sprachgelehrter [Q] lambengolmo
Sprachgeschmack [Q] lámatyáve
sprechen [Q] qen-, qet-; [S] pedo, pen-
sprießen [Q] tuia-; [S] tuio
Sproß [Q] tuima; [S] tui(w)
Spruch [S] lhûth
Sprühregen [Q] rosse; [S] ross
Sprung [S] cabed
spucken [Q] piuta-; [S] puio
Spur [Q] runya; [S] rhoein
Stachel [Q] erca, nasse; [S] carag, erch
stacheln [Q] nasta-
Stadt [Q] osto; [S] caras
Stadtstraße [S] othlon(d)
Stamm [Q] telco; [S] telch
Stammesgebiet [S] gwaith
stämmig [Q] polda
standhaft [Q] vórima; [S] bôr, thala
Standhaftigkeit [Q] voronwe
stark [Q] polda, tulca; [S] belda, thala
stark strömend [Q] rhimpa

Stärke [Q] orme; [S] gorf

starr [S] tara

Statut [Q] namna

Staub [Q] asto; [S] ast, lith

stechen [Q] erca-, nasta-; [S] erco, nasta

Stechpalme [Q] ercasse; [S] ereg

steif [Q] norna, tarya; [S] tara, tharn

Steigbügel [S] dalraph

steigbügellos [S] udalraph

steigen [Q] orta-; [S] erio

steil [Q] aiqa

Stein [Q] ondo; [S] gond, gonn

Stein (behauen) [S] gondram

Stein (Material) [S] sarn

»Steinblut« [S] seregon

steinern [Q] sarna; [S] gonui, sarn

»Steinherren« [S] Gonhirrim

Stelle [Q] men

Stengel [Q] telco; [S] telch

sterben [Q] faire, fíre; [S] gwanno

sterblich [Q] fírima, firya; [S] feir, fireb

Stern [Q] él, elen; [S] êl, gîl

Stern, blinkender [Q] tingilya

Stern, kleiner [Q] tinwe; [S] tinw

sternengleich [Q] elvea

»Sternenjäger« (Mond) [S] Elfaron

»Sternenreich« (oberer Himmel) [Q] Elenarda

Sternenschein [Q] ilma, silme
sterngekrönt [Q] elerína
Sternhimmel [Q] ilmen
»Sternwärts-Land« (Númenor) [Q] Elenna-nóre
Stichflamme [S] lhach
Stickerin [Q] serinde
still [S] dínen
Stimme [Q] óma
Stirn [Q] tirne
Stoff [Q] erma, hroa
Stöpsel [Q] tampa; [S] dîl, gasdil
stören [S] presto
stoßen [S] nasta
straff [Q] tunga; [S] tong
Strahl [Q] alca; [S] calad, galad
strahlen [Q] faina-, mirilya-; [S] glaw
strahlend [Q] alcarin(qa); [S] foen
Strahlung [Q] alcare, faire; [S] glaw
Strähne [Q] finde
Strand [Q] falasse; [S] falas
Strandbewohner [Q] Falanyel, falmarin
Straße [Q] malle, tea, tië; [S] men, othlond, râd, rath
streiten [Q] costa-; [S] cost
Strichzeichen [Q] tecco, tehta; [S] daith
Stroh [S] thâr
Strohkissen [S] tharad

Strudel [Q] hwinde; [S] chwîn

strudeln [Q] hwinya-; [S] chwinio

Stufe [Q] tyelle

»Stunde« [Q] lúmen

stur [S] dorn, tarlanc

Sturm [Q] súre; [S] alagos

stürmisch [S] alag, gorn

Sturz [Q] atalantië

Sturzbach [Q] celusse; [S] thalos

stürzen [Q] lanta-; [S] dant

stürzend [Q] rhimpa

Sturzflut [S] thórod, ulla

Stütze [Q] tulco

stutzen [Q] nuhta-

Süden [Q] hyarmen; [S] harad

Südländer [S] haradren

südlich [Q] hyarmenya; [S] harn

Sumpf [S] lô(g), nîn

Suppe [S] salf

surren [Q] tinga-

süß [Q] lisse

T_t

Tag [Q] áre, aure, ré, -ya; [S] aur, or-

Tagesanbruch [Q] artuile

Tal [Q] tumba; [S] imlad, lad, nan(d), talath, tum

tanzen [Q] lilta-

tasten [S] matho

Tatendurst [S] hûr

Täter [Q] tyaro

Tau [Q] rosse; [S] mîd

Taube [Q] cu; [S] cugu

tauglich [Q] mára

tausend [S] mene

Teich [Q] linya, nende; [S] aelin, lin, lôg

Teig [Q] macse; [S] moeas

Tempel [Q] yána; [S] iaun

teuer [Q] melin; [S] mell

Thron [Q] mahalma

tief [Q] núra; [S] nûr, taig

tief eingeschnitten [Q] tumno; [S] tofn

Tier [Q] celva, laman; [S] lavan

Tischler [Q] samno; [S] thavron

Tochter [S] iëll, yen

»Tochter der Dämmerung« [Q] tindómerel;
  [S] tinúviël

Tod [Q] nuru, qalme; [S] gûr

Tod (der Elben) [S] gwanw

Tod (von Sterblichen) [Q] faire; [S] fern

Todesangst [S] gûr

Todesqual [Q] qalme

todgeweiht [Q] marta; [S] feir

T

tödlich [S] delw

Ton [Q] lamma

tönen [Q] lamya-

tönern [Q] cemina; [S] cevn

Töpfer [Q] cemnaro, centano; [S] cennan

Tor [Q] ando; [S] annon

tot [Q] firin, qalin; [S] gwann

töten [S] degi

Töter [S] dagnir

tragen [Q] col-

Träger [Q] colindo

Träne [Q] níre; [S] nîn

tränenfeucht [S] nîd

Tränenfluß [S] nîr

Trank [Q] suhto; [S] sûth

Traum [Q] olo(s); [S] ôl

träumen [Q] ola-; [S] oltha

träumerisch [Q] olosta

traurig [S] dem, noer

treiben [Q] horta-; [S] hortha

Treppe [S] pendrad

treu [Q] sanda, vórima, voronda; [S] bôr, thenid

Treue [Q] voronwe

Trick [S] rhinc

trinken [Q] suc-; [S] sogo

Trinkgefäß [Q] sungwa; [S] ylf

Triumph [S] gell

Triumphgeschrei [Q] yello
triumphierend [S] gellui
trocken [Q] parca; [S] parch, tharn
Troll [S] torog
Trompete [Q] róma; [S] rhom
Tropfen [Q] limba
trüb [Q] morna; [S] dem
Trübsinn [S] dim
Tuch [Q] lanne
Tüchtigkeit [Q] túre; [S] tûr
tun [Q] cár-; [S] garo
Tür [S] fend
Turm [Q] mindo(n), tirion; [S] barad, min(n)as
Tyrann [S] bauglir
tyrannisch [S] baug

U_u

übelriechend [Q] saura; [S] thaur, thaw
über [Q, S] or
Überbringer [Q] colindo
überdachen [Q] topa-, untúpa-; [S] tobo
Überfluß [Q] úve
überqueren [S] ath-rado
überragend [S] orchall
Ufer [Q] falasse, hyapat, solor; [S] falas, habad

Ulme [Q] alalme; [S] lalf, lhalwen
um [S] o
umgebend [S] echor
umgestülpt [Q] nuqerna
Umherirren [Q] ráne; [S] mistrad
umherschweifen [Q] mista-, ranya-
Umriß [S] cant
Umtrunk [Q] yulme
un- [Q] ú (verneinendes Präfix); [S] al-
unaussprechlich [Q] úqétima
unbeschreiblich [Q] avanyárima, únyárima
und [Q, S] a(r)
undeutlich [Q] halda; [S] hethw, lhumren
Ungeheuer [Q] ulundo, úvanimo; [S] ulun(d)
ungenügend [Q] ufárea
Unglück [S] úmarth
ungut [Q] úmea
Universum [Q] ilu
unredlich [Q] raica; [S] rhoeg
uns (Dativ) [S] ammen
unsäglich [Q] avaqétima, úqétima
»unschön« [Q] úvanimo
unsterblich [Q] ilfirin
unter [Q, S] no; [S] di, nu
unterbrechen [Q] nuhta-
unterdrücken [S] bauglo
Unterdrückung [S] thang

unterirdischer Bau [S] groth
unzählig [Q] avanóte, únótima; [S] arnoediad
uralt [S] iaur
Urheber [Q] tyaro
Urteil [S] baudh

V v

Vasall [S] bior
Vater [Q] atar, ontaro; [S] adar
Vegetation [Q] loa
verabscheuen [Q] feuya-, yelta-; [S] fuio
verächtlich [Q] faica; [S] foeg
Verband [S] gwaith
verbannen [S] boda
verbannt [S] eglenn
verbergen [Q] halya-; [S] doelio, haltha-
verbieten [Q] avaqet-; [S] boda
verbindlich machen [S] tangado
Verblassen [S] beleth
verblassen [Q] sinta-; [S] thinta
verborgen [Q] halda, muina; [S] dolen, hall, moina
verdammt [S] barad
verdoppeln [Q] tatya-
verdorben [S] thaw
Vereinbarung [S] g(o)west

vereinzelt [Q] erya, eressea; [S] ereb

verfilzen [Q] fasta-

Verfinsterung [S] dû

verflochten [S] remmen

verfolgen [Q] roita-

Verfolgung [Q] raime; [S] rhui(w)

Verfügung [Q] heren

vergangen [Q] vanwa

Vergangenheit [Q] vanwië

vergehen [Q] auta-

verhängen [Q] martya-; [S] bartho

Verhängnis [Q] umbar; [S] úmarth

verhaßt [S] delw

verhüllt [Q] halda; [S] hall

Verhüllung [Q] nurtale

verknotet [S] norn

Verlangen [Q] milme, yesta; [S] iôr

verlangen nach ... [Q] milya-

verlängern [Q] taita-

verlängert [Q] taina

Verlängerung [Q] taile

verlassen (adj.) [Q] erume; [S] ceber, eru

Verlassener [Q] hecilo

Vermögen [Q] heren

vermögend [Q] herenya

vermuten [Q] intya-

Vermutung [Q] intya; [S] inc

vernutzt [S] gern

verpflichtet [Q] nauta, [S] naud

Verpflichtung [Q] vere; [S] gwaedh

Versammlung [S] hûd

verschleiern [Q] halya-

verschleiert [Q] halda

verschleißen [Q] yerya-

verschlossen [S] hollen

Verschlusslaut [Q] punta

verschneit [S] lossen

verschwinde! [Q] heca!; [S] ego!

verschwinden [Q] vanya-

Verserzählung [S] glaer

Versöhnung [S] aderthad

Verstand [Q] handasse, handele; [S] hannas

Versteck [S] esgal

verstehen [Q] hanya-; [S] henio

verstopfen [S] dilio

verstricken [S] gonathra

Verstrickung [S] gonathras

Vertikalstrich [Q] telco

Vertrag [Q] vere; [S] g(o)west, gwaedh

Vertrauen [S] estel

vertraut [Q] moina; [S] muin

verursachen [Q] tyar-

verurteilen [S] bartho

Verwandter [S] gwanur

Verweigerer [Q] avaro; [S] afor
verwenden [S] iuitho
Verwendung [S] iuith
verwickeln [S] gonathra
verwickelt [S] norn
verwunden [Q] harna-; [S] harno
verzaubern [Q] luhta-; [S] lhútha
verzehrend [Q] vása
viel(e) [Q] li- (Präfix)
viele [S] ovras
Vielzahl [Q] rimbe
vier [Q] canta; [S] canad
Vision [Q] olo(s)
Vogel [Q] aiwe; [S] aew
Vogel, kleiner [Q] filit; [S] fileg
Vogelfreund [Q] Aiwendil
Vogelland [Q] aiwenor(e)
Vokal [Q] óman
Vokalzeichen [Q] ómatehta
Volk [Q] nóre; [S] gwaith, noss, nûr
voll [Q] qanta; [S] pant
vollständig [Q] aqa
von [Q] -on; [S] en, na, o
von neuem [Q] en-
vor allem [S] edregol
Voraussicht [Q] apacen
Vorderseite [S] nîf

Vorfrühling [Q] coire; [S] echuir
Vorgebirge [S] star
vorgehen [S] nivra
Vorliebe [Q] tyáve
Vorrichtung [S] gaud
Vorstellung [Q] nause, olo(s); [S] inc, naw
vortragen [S] glin
vorwärts! [S] hûl!

W_W

Wache [S] tirith
wachen [Q] tir-; [S] tirio
wachsen [S] galo
Wachstum [Q] loa
Wächter [Q] tirmo
Wachtturm [Q] tirion
wagen [Q] verya-; [S] bertho
Wahl [Q] cilme
wahr [Q] anwa, sanda; [S] thenid
Wahrsilber [S] mithril
Wald [Q] taure; [S] eryn, taur, tawar
Waldelben [S] Tawarwaith
Waldgeist [Q] tavaron
Waldlichtung [S] lhant
Waldmensch [Q] Rú; [S] drû(g)

Waldnymphe [Q] tavaril
Wall [Q] ramba; [S] ephel, gai, iâth, ram
Wanderer [S] randir
wandern [Q] ranya-; [S] rhenio, misto
wandernd [Q] ránen; [S] rhaun
Wanderschaft [Q] ráne; [S] mistrad
Ware [S] bach
warm [Q] lauca; [S] lhaug
warten [S] dartha, deri
Wasser [Q] nén; [S] nen
Wasser schöpfen [Q] calpa-
Wasserfall [S] lanthir
Wassergefäß [Q] calpa; [S] calf
Wasserland [S] nîn
Wasserlauf [Q] celume
Wasserschwall [Q] celusse
wässrig [Q] nenda; [S] nend
weben [Q] lanya-
Weber [S] nathron
Weberin [Q] vaire
Webstuhl [Q] lanwa
wecken [Q] eccoita-
Weg [Q] tië, vanta; [S] bâd, iôr, men, râd
Weg bahnen oder finden [S] rado
Wegbrot [S] lembas
weglassen [Q] hehta-
Wegstunde [Q] lár; [S] daur

Wegzehrung [S] cram(b)

Wehrdorf [Q] opele; [S] gobel

Weib [Q] indis, ní, vesse; [S] bess, dess

weiblich [Q] inya; [S] inw

weich [Q] macsa; [S] moe

Weideland [S] nadhor

weiden- [S] tathren (adj.)

Weidenbaum [Q] tasar(e); [S] tathar

Weigerung [S] avad

Weiher [Q] linya; [S] lin

Weinen [S] nîr

weise [Q] istima; [S] goll, idhren

Weise (Melodie) [Q] linde; [S] lhind

Weiser [Q] ingolmo, ist(y)ar; [S] ithron

Weisheit [Q] ngolwe

weiß [Q] fána, ninqe; [S] fein, foen, nim(p)

Weiß [Q] ninqisse

weiß färben [Q] ninqitá-; [S] nimmid

weiß glitzernd [S] silivren

weiß leuchten [Q] ninqita-

weiß leuchtend [Q] silma

weißglühend [S] brassen

weit [Q] alta, landa, palla, úra; [Q, S] palan; [S] ûr

weit fort [Q] haya

Weite [S] lhann

weiten, sich [S] panno

weitsehend [Q] palantir

Welle [Q] falma

Welt [Q, S] ambar

Weltende [Q] ambarmetta

Weltentstehung [Q] Ambarcanta

Weltgeschick [Q, S] ambar

wer? [Q] man

werfen [S] hedi

Werk [Q] carië, tanwe

Werwolf [Q] ngauro; [S] gaur

Wesen [Q] eala

Westelb [S] dúnedhel

Westen [Q] an(a)dúne, númen; [S] annûn, dûn, nivon

westlich [Q] númenya; [S] annui

Westmensch (Numenórer) [S] dúnadan

Westron [Q] soval phare; [S] Adúnar

widerhallend [S] lómen

widerwärtig [S] thaur

wie [Q] ve

wieder [Q] atta, en-, entu, nan-

wiederherstellen [Q] envinya-

wiederholen [Q] tatya-

Wiederkehr [Q] entulesse

Wiese [S] parth

wild [Q] verca; [S] balc(h), rhow

Wind [Q] súle, súre, vaiwa; [S] gwae(f), sûl

winden [Q] riga-

Winkel [S] bennas, naith

Winter [Q] hríve; [S] rhîw

winzig [Q] titta; [S] pigen, tithen

wir [Q] elme, elve

»wir beide« [Q] met

Wirbel [Q] hwinde

wirbeln [Q] hwinya-

wirklich [Q] anwa

Wissen [Q] hande, istya, ingóle, ngolwe; [S] golw, ist

wissen [Q] hanya-, ista-; [S] isto

wissend [Q] istima; [S] istui

wogen [Q] amorta-

wohlgeformt [S] cadwar

wohlklingend [Q] linda; [S] thlinn

wohlriechend [Q] nísim

wohnen [Q] mara-; [S] dortho-

Wohngebiet [Q] mar, nóre; [S] dor, (m)bar

Wolf [Q] ngarmo, ráca; [S] draug, garaf

Wolfsgeheul [Q] naule; [S] gaul

Wolke [Q] fanya, lumbo; [S] fân, faun

Wolke, dunkle [Q] ungo

Wolkenschatten [Q] lumbule

wolkig [Q] fána

Wolle [Q] to, [S] taw

wollen [Q] val-

wollen (von Wolle) [Q] toa

Wort [Q] qetta; [S] beth, peth
Wucht [Q] hóre; [S] gorf
wuchtig [S] gorn
Wunde [Q] cirisse, harwe, hyatse; [S] criss, harw
Wunsch [S] iëst, iôr
wünschen [Q] mere-; [S] aníro
Wurzel [Q] sunda, talma; [S] thond
Wurzel, eßbare [Q] sulca; [S] solch
Wurzelsilbe [Q] sundo
Wut [Q] orme

Z z

Zacken [Q] -til; [S] -dil
zäh [Q] norna, tarya; [S] dorn, hîw
Zahl [Q] nóte; [S] gwanod
zählen [Q] not-, onot-; [S] noedia
Zahlenkunde [Q] nótecenta
zahlreich [Q] rimba
Zählung [S] gwanod
Zählweise [S] genediad
Zahn [Q] carca, nelet; [S] carch, nêl
zähneknirschend [S] naeth
Zahnreihe [Q] anca, carcane; [S] anc
zart [S] thlinn
Zauber [Q] lúce; [S] lhûth

Zauberer [S] ithron

Zaun [S] ephel, gai, iâth

zehn [Q] cainen; [S] caer

Zeichen [Q] tanna, tengwe; [S] daith

Zeichen, diakritisches [Q] tehta

Zeichensystem [Q] tengwesta

zeigen [Q] tana-; [S] nasta

Zeit [Q] lúme; [S] lhû

Zeitalter [Q] randa; [S] anrand

Zeitpunkt [Q] lú, lúmen

zerbrechen [Q] hat-

zeugen [Q] onta-; [S] ed-onna

ziehen [Q] tuc-

Zimmer [Q] sambe; [S] samb

Zimmermann [Q] samno; [S] thavron

zimmern [Q] panya-; [S] penio

Zitat [Q] eqes

Zittern [S] giri(th)

Zopf [Q] finde

Zorn [Q] aha; [S] rûth

Zottelhaar [Q] fasse; [S] fast

zu (hin) [Q] an, -(n)na (Allativ-Suffix); [S] na

zucken [Q] rihta-; [S] rhitho

zuerst [Q] inga

zufolge [S] ben

zuhinterst [Q] tella

zuhören [Q] lasta-; [S] lasto

Zuhörer [S] lathron

zuletzt [Q] tella; [S] na vedui

Zuneigung [S] mîl

Zunge [Q] lamba, qetil; [S] lam

zusammen- [Q] ó-; [S] go-, gwa-

zusammengetroffen [S] govannen

Zusammentreffen [Q] omentië, yoménië

zusammenzählen [Q] onot-; [S] gonod

zuverlässig [Q] vórima, voronda; [S] bôr

zuvor [S] io

Zwang [Q] mausta; [S] thang

zwei [Q] atta; [S] ad, tâd

zwei- [Q] -at (Dual-Suffix)

zweibeinig [Q] attalya; [S] tad-dail

Zweig [Q] olwa; [S] golf

zweit- [Q] tatya; [S] adu-

zweitens [Q] neuna

Zweiter [Q] neuna

Zwerg [Q] casar; [S] hadhod, nogoth

Zwerg (Spottnamen) [Q] andafanga, nauco;
  [S] an(d)fang, naug, nawag

Zwergenhöhle [Q] casarrondo; [S] hadhodrond

zwie- [Q] yuyo; [S] ui- (Präfix)

Zwieback [S] cram(b)

Zwiegespräch [S] athrabeth

Zwielicht [Q] yúcale; [S] uial

Zwillinge [Q] ónoni; [S] gwanun

zwingen [Q] mauya-; [S] bauglo
zwischen [Q] imbe; [S] im, min-
zwölf [Q, S] rásat
Zyklus [Q] randa; [S] anrand

Klett-Cotta
© J. G. Cotta'sche Buchhandlung Nachfolger GmbH, gegr. 1659,
Stuttgart 2003
Alle Rechte vorbehalten
Fotomechanische Wiedergabe nur mit Genehmigung des Verlags
Printed in Germany
Umschlag: Dietrich Ebert, Reutlingen,
unter Verwendung der Abbildung des Tores von Moria
aus dem Herrn der Ringe
Gesetzt aus der Trump Mediaeval
von Offizin Wissenbach, Höchberg bei Würzburg
Auf säure- und holzfreiem Werkdruckpapier gedruckt
und gebunden von Clausen & Bosse, Leck
ISBN 3-608-93185-6

Dritte Auflage, 2004

J.R.R. Tolkien:
Der Herr der Ringe
Aus dem Englischen von Wolfgang Krege

3 Bände broschiert im Schuber
zus. 1347 Seiten, ausklappb. Faltkarten, ISBN 3-608-93544-4

Dünndruckausgabe in einem Band mit Anhängen und Register
1.236 Seiten, Leinen, Rotschnitt, zwei Lesebändchen,
60 zweifarbige Illustrationen, Goldprägung,
zwei ausklappbare Faltkarten, ISBN 3-608-93222-4

Das legendäre Rote Buch der Westmark ist längst
verschollen, und nur Teile davon existieren in
verschiedenen späteren Abschriften. Eigentlich war
es Bilbos Tagebuch, das er nach Bruchtal mitnahm
und das später Frodo zusammen mit eigenen Notizen
ins Auenland zurückbrachte. Diese Fragmente und
Anhänge, vor allem die Hobbits betreffend, und dazu
einzelne Lieder und Gedichte, die häufig an den
Rand der Manuskriptseiten gekritzelt waren, sind die
wichtigsten Quellen für die Geschichte des Ringkriegs.
Tolkien spielt mit diesen fiktiven Quellenverweisen,
gibt vor, sein epischer Roman einer Abenteuerreise
von vier Hobbits ins Land des Bösen sei ein
historischer Bericht. So wird Mittelerde ein reales Land.

»Ein Phänomen: ein Märchen als Epos, als
Riesenroman, in dem Menschen und Zwerge, Elfen
und Baumgeister, Dämonen, Ungeheuer und Magier
um Bestand oder Untergang einer erfundenen
Welt kämpfen – und worin doch mit Akribie des
Chronisten, mit fiktiver Detailkenntnis die Fiktion
beschrieben wird, als wäre sie Realität.«
Walter Hilsbecher / Süddeutscher Rundfunk

Gary Russell:

Der Herr der Ringe – Die Gefährten
Die Erschaffung eines Filmkunstwerks

Aus dem Englischen von Hans J. Schütz
192 Seiten, Großformat, durchgehend vierfarbig illustriert,
gebunden, ISBN 3-608-93331-X

Gary Russell hatte während der fünfjährigen Vorarbeiten zum Film uneingeschränkt Zugang zu allem künstlerischen Material. Nur so konnte dieses aufregende Buch über die Erschaffung des Films »Der Herr der Ringe« durch die beteiligten Künstler entstehen. Alle wichtigen Schauplätze, Kostüme, Rüstungen und Kreaturen werden bis in die unglaublichsten Einzelheiten dargestellt; selbst die Konzepte, die Storyboards und Bilder, die später verworfen wurden, sind hier mitaufgenommen.

Gary Russell:

Der Herr der Ringe – Die zwei Türme
Die Erschaffung eines Filmkunstwerks

Aus dem Englischen von Hans J. Schütz
192 Seiten, Großformat, durchgehend vierfarbig illustriert,
gebunden, ISBN 3-608-93335-2

»Dieses Buch will sicher jeder haben, der sich ernsthaft mit dem Film und vielleicht auch mit Tolkiens Roman auseinandersetzt. Es gewährt einen Blick hinter die Kulissen, aber in künstlerischer Hinsicht ... Ein Meilenstein auf dem Weg der Weiterentwicklung des Fantasyfilms.«
Michael Matzer/ciao!

Jude Fisher:

Der Herr der Ringe – Die Gefährten

Das offizielle Begleitbuch

Figuren, Landschaften und Orte Mittelerdes

Aus dem Englischen von Hans J. Schütz

64 Seiten, durchgehend vierfarbig illustriert mit Filmbildern,
gebunden, Großformat, ISBN 3-608-93504-5

Dieser prachtvolle Bildband enthält Fotos von
allen wichtigen Figuren und Geschöpfen und die
atemberaubenden Ansichten der Originalschauplätze,
wie Hobbingen, Bruchtal oder Moria. Jeder Abschnitt
wird ergänzt durch ausführliche Informationstexte. In
der Mitte ist eine ausfaltbare Tafel eingeheftet.

Jude Fisher:

Der Herr der Ringe – Die zwei Türme

Das offizielle Begleitbuch

Figuren, Landschaften und Orte Mittelerdes

Einleitung von Viggo Mortensen
Aus dem Englischen von Hans J. Schütz

72 Seiten, durchgehend vierfarbig illustriert mit Filmbildern,
2 ausklappbaren Bildtafeln und einen Schlachtplan,
gebunden, Großformat, ISBN 3-608-93505-3

Das offizielle Begleitbuch zu den »Zwei Türmen« ist
ein großformatiger, durchgehend farbiger Führer, der
alle Figuren, Orte und Landschaften von Tolkiens
Welt Mittelerde vorstellt. Reich illustriert mit mehr als
hundert farbigen Standfotos begleitet dieses Buch den
Leser zu den wichtigsten Schauplätzen. Ausführliche
und erklärende Texte ergänzen diese stimmungsvollen
Fotos.